NEGÓCIOS
— COM —
PROPÓSITO
IMPACTO E LUCRO LADO A LADO

Caro(a) leitor(a),
Queremos saber sua
opinião sobre nossos livros.
Após a leitura, siga-nos no
linkedin.com/company/editora-gente,
no TikTok @EditoraGente
e no Instagram @editoragente,
e visite-nos no site
www.editoragente.com.br.
Cadastre-se e contribua com
sugestões, críticas ou elogios.

ANDERSON RODRIGUES
Sócio-fundador da Vida Veg, maior laticínio vegano do Brasil

NEGÓCIOS
— COM —
PROPÓSITO
IMPACTO E LUCRO LADO A LADO

Como criar empresas
com propósito,
obter resultados e
contribuir para um
mundo melhor

Diretora
Rosely Boschini

Gerente Editorial Sênior
Rosângela de Araujo Pinheiro Barbosa

Editora Júnior
Rafaella Carrilho

Assistente Editorial
Mariá Moritz Tomazoni

Produção Gráfica
Fábio Esteves

Preparação
Elisabete Franczak Branco

Capa
Miriam Lerner

Projeto Gráfico e Diagramação
Gisele Baptista de Oliveira

Revisão
Vero Verbo Serviços Editoriais
Bianca Moreira
Andresa Vidal Vilchenski

Ilustrações p. 28 e p. 126
Linea Editora

Impressão
Gráfica Terrapack

Copyright © 2024 by Anderson Rodrigues
Todos os direitos desta edição
são reservados à Editora Gente.
Rua Natingui, 379 – Vila Madalena
São Paulo, SP – CEP 05443-000
Telefone: (11) 3670-2500
Site: www.editoragente.com.br
E-mail: gente@editoragente.com.br

Dados Internacionais de Catalogação na Publicação (CIP)
Angélica Ilacqua CRB-8/7057

Rodrigues, Anderson
    Negócios com propósito : impacto e lucro lado a lado :
como criar empresas com propósito, obter resultados e
contribuir para um mundo melhor / Anderson Rodrigues. --
São Paulo : Editora Gente, 2024.
    192 p.

ISBN 978-65-5544-443-8

1. Negócios 2. Sucesso nos negócios 3. Empreendedorismo I.
Título

24-0242   CDD 650.1

Índices para catálogo sistemático:
1. Negócios

NOTA DA PUBLISHER

O que vem à sua mente quando você pensa em empreendedorismo? É comum associarmos o ato de empreender à solução de problemas: pode ser um produto, um serviço ou até mesmo uma experiência, algo que supra uma necessidade observada. E quando o problema é solucionado com sucesso, o lucro vem. A grande questão, no entanto – e que tem ganhado força cada vez maior nos últimos anos –, é a seguinte: onde entra o propósito nessa equação? Ou, é possível suprir as necessidades das pessoas e gerar lucro enquanto se contribui para um mundo melhor?

Para Anderson Rodrigues, a resposta é sim! O sócio-fundador da Vida Veg, a empresa com maior variedade de produtos de base vegetal no Brasil, veio para atender uma demanda urgente: seja por restrições alimentares ou questões éticas, a alimentação vegana tem se mostrado não somente uma tendência, mas algo que veio para ficar. No entanto, além de atender a essa necessidade, Anderson enxergou a oportunidade de fazer do mundo um lugar melhor, preservando o meio ambiente e cuidando da causa animal.

Foi a partir dessa premissa que nasceu *Negócios com propósito: impacto e lucro lado a lado*, este livro que vem para ajudar você, leitor, a encontrar o seu propósito e uni-lo ao empreendedorismo. Aqui, você terá a oportunidade de descobrir como criar um negócio lucrativo e prosperar financeiramente enquanto faz a diferença no mundo – tudo isso aliado a uma boa dose de motivação e realização diárias.

Nesta obra, trabalho e propósito se juntam para gerar a verdadeira transformação positiva que desejamos ver no mundo. Não espere mais e faça do seu negócio um negócio de impacto! Boa leitura!

ROSELY BOSCHINI
CEO E PUBLISHER DA EDITORA GENTE

Dedico este livro e minha vida aos trilhões de animais maltratados e mortos todos os anos de forma desnecessária pelo ser humano, e às pessoas que se empenham para defendê-los.

Se não formos capazes de cuidar dos animais, seres sencientes que dependem de nós, não seremos capazes de amar o próximo de forma genuína. A defesa dos animais é uma das atitudes mais nobres do ser humano. Nada demonstra mais empatia e compaixão do que o veganismo: é a próxima e necessária evolução moral da sociedade, seja pelos animais, pelo meio ambiente ou pela saúde das pessoas.

Dedico este livro a todas as pessoas que desejam contribuir para um mundo melhor. Que esta leitura transformadora lhe mostre o potencial que você tem para impactar positivamente o planeta através do empreendedorismo. Chegou a sua vez de empreender com propósito e deixar seu legado. Vai lá e faz acontecer!

AGRADECIMENTOS

Logo que saí da diretoria da Vida Veg, eu quis registrar a riqueza de experiências que tive na empresa e na vida, pois considero que, com elas, posso ajudar mais pessoas a contribuir para um mundo melhor por meio do empreendedorismo. Entretanto, nada do que vivi ou conquistei teria conseguido sozinho, e eu não poderia deixar de agradecer aqui a quem sempre esteve comigo!

Primeiramente a Deus, que me privilegiou com o propósito de salvar animais por meio do empreendedorismo e com essa missão de ajudar mais pessoas a empreenderem com propósito. Sinto-me muito honrado, abençoado e grato pelo meu propósito. Foi Deus que me capacitou ao longo do caminho e me guiou durante todo o percurso para chegar até aqui.

À minha família, principalmente aos meus pais, Zélia e Benedito, que desde cedo me ensinaram os valores do trabalho e da honestidade, que nortearam meu comportamento nessa jornada, dedicaram a vida para me dar o melhor e possibilitaram que eu cumprisse meu propósito da melhor forma. Eles estão sempre comigo, nos bons e nos maus momentos, apoiando-me nessa missão. Tudo o que sou e tenho, devo a eles.

Aos meus fiéis amigos, que sempre me incentivaram a realizar meu propósito no mundo.

Aos sócios e colaboradores da Vida Veg, que aceitaram o difícil desafio de facilitar o acesso a alimentos de base vegetal, gostosos e saudáveis, para salvar animais, levar mais saúde para as pessoas e possibilitar um consumo ambientalmente mais consciente de alimentos. O tempo e a dedicação de vocês são essenciais nessa missão.

A todos os clientes e consumidores da Vida Veg, que estão juntos nessa jornada, e aos veganos, que compartilham comigo a missão de dar uma vida digna aos animais.

Aos entrevistados que cederam parte de seu tempo trazendo relatos que enriqueceram este livro, com mais cases de empreendedorismo com propósito: Mariana, Wagner, Fernando, Bruno e Marcela. E aos colaboradores da Vida Veg que trouxeram seus relatos carinhosos sobre mim e sobre a empresa: Fernanda, Hislander e Lucas.

Aos meus amigos professores que me ajudaram no aprimoramento do livro com suas revisões: Taiara, Daniel e Eduardo.

À Editora Gente, principalmente Rosely e Rafaella, que me acolheram tão bem e trouxeram ensinamentos importantíssimos para transformar meus conhecimentos em um livro de qualidade, além de me ajudar na missão de tornar esta obra acessível e impactar milhares de pessoas.

Por fim, a você, caro leitor. Saiba que dentro de você há um grande potencial para melhorar o mundo e deixar um bom legado. Não desperdice isso e considere o empreendedorismo uma grande ferramenta para ajudar você nessa missão!

A todos, minha gratidão!

SUMÁRIO

12
INTRODUÇÃO
A INFELICIDADE NO TRABALHO SEM PROPÓSITO

21
CAPÍTULO 1
AS DIFICULDADES DO EMPREENDEDORISMO

31
CAPÍTULO 2
MINHA HISTÓRIA E COMO TIVE SUCESSO NO EMPREENDEDORISMO COM PROPÓSITO

51
CAPÍTULO 3
DESCUBRA SEU PROPÓSITO

73
CAPÍTULO 4
PROPÓSITO DE MARCA

85
CAPÍTULO 5
EMPREENDEDORISMO E OS DEZ COMPORTAMENTOS DO EMPREENDEDOR DE SUCESSO

99
CAPÍTULO 6
CRIAÇÃO DE VALOR E INOVAÇÃO

105
CAPÍTULO 7

A BUSCA DE RECURSOS

113
CAPÍTULO 8

PLANEJAMENTO, ESTRATÉGIA E MENTORIAS

119
CAPÍTULO 9

EFICIÊNCIA, LUCRO E IMPACTO SOCIOAMBIENTAL

129
CAPÍTULO 10

COMO MONTAR E MANTER UMA EQUIPE MOTIVADA

137
CAPÍTULO 11

CULTURA ORGANIZACIONAL

145
CAPÍTULO 12

LIDERANÇA

155
CAPÍTULO 13

MARCA, COMUNICAÇÃO E VENDAS

171
CAPÍTULO 14

A PIRÂMIDE DO TEMPO DO EMPREENDEDOR

179
CAPÍTULO 15

NEGÓCIOS DE SUCESSO SÃO NEGÓCIOS COM PROPÓSITO

188

AGORA É SUA HORA DE EMPREENDER COM PROPÓSITO!

INTRODUÇÃO

A INFELICIDADE NO TRABALHO SEM PROPÓSITO

Caro leitor, me diga uma coisa: você está feliz e satisfeito com seu trabalho hoje? Você acorda todos os dias motivado para ir trabalhar ou vai só porque precisa do dinheiro para pagar as contas? Você sente que seu trabalho está contribuindo para um mundo melhor e que está cumprindo sua missão nesta vida por meio dele? Se você respondeu "não" para uma pegunta ou mais, eu tenho certeza de que este livro vai ajudar você!

Todos os dias, milhares de pessoas se sentem desmotivadas para encarar a jornada de trabalho. Levantam cedo, se olham no espelho e querem voltar imediatamente para a cama, mas, mesmo assim, precisam lavar o rosto, respirar fundo e ir trabalhar, entretanto, infelizes por não enxergarem nesse trabalho algo que dignifica a alma.

A maioria das pessoas que conheço não gosta das manhãs de segunda-feira. Elas torcem para esse dia acabar rápido, e na terça-feira já querem que a sexta chegue logo; sentem-se aliviadas e mais felizes às cinco ou seis da tarde de sexta-feira, quando saem do trabalho para curtir o happy hour. Será que com você e com as pessoas ao seu redor também acontece isso?

Vamos com calma: se sua vida também é assim, saiba que você e quem quer que se sinta dessa maneira não são os únicos! Há um crescente número de pesquisas mostrando que o índice de insatisfação e infelicidade no ambiente corporativo está alto. A pesquisa realizada pelo aplicativo Survey Monkey apontou que 36,52% dos profissionais estão infelizes com o trabalho que realizam e 64,24% gostariam de fazer algo diferente do que fazem atualmente para serem mais felizes. A pesquisa foi realizada com a participação de mais de 300 profissionais, de 21 estados brasileiros, na faixa etária de 26 a 60 anos.[1]

Um levantamento realizado com 4.492 usuários da plataforma on-line Glassdoor também apontou que 70% das pessoas empregadas desejam mudar de trabalho. Quando questionadas sobre o principal motivo para buscarem um novo emprego, 29,6% responderam que desejam encontrar um trabalho mais conectado com seu propósito de vida.[2] Um estudo da empresa de consultoria Gallup apontou que apenas 27% acreditam nos valores da empresa em que trabalham e concordam com eles.[3]

Pelas pesquisas dos últimos anos, percebemos que a falta de conexão entre o trabalho e o propósito de vida é fator determinante para essa insatisfação e infelicidade no trabalho. As pessoas estão incomodadas, mas têm receio de pedir demissão e se arriscar

---

1 90% dos brasileiros estão infelizes no trabalho. **Mundo RH**, 17 dez. 2021. Disponível em: https://www.mundorh.com.br/90-dos-brasileiros-estao-infelizes-no-trabalho/. Acesso em: 22 dez. 2023.

2 PROPÓSITO é o principal motivo para brasileiros trocarem de emprego. **Glassdoor**, 4 jul. 2019. Disponível em: https://www.glassdoor.com.br/blog/proposito-e-o-principal-motivo-para-brasileiros-trocarem-de-emprego/. Acesso em: 22 dez. 2023.

3 PROPÓSITO pode ser tão importante quanto salário para garantir satisfação no trabalho. **Fast Company Brasil**, 24 fev. 2022. Disponível em: https://fastcompanybrasil.com/worklife/proposito-pode-ser-tao-importante-quanto-salario-para-garantir-satisfacao-no-trabalho/. Acesso em: 22 dez. 2023.

em um novo negócio ou emprego por medo do fracasso que a sociedade atual impõe e de perder o reconhecimento da família, dos amigos e até dos seguidores nas redes sociais; e por insegurança de não ter mais um cargo, remuneração e benefícios. Essa é uma herança cultural que tem contribuído para o aumento da ansiedade na sociedade atual.

Acredito que, apesar de essa mentalidade ainda ser predominante, cada vez mais as pessoas reconhecem a importância de abrir mão temporariamente de parte de sua remuneração para se dedicar a construir um mundo melhor, por meio do impacto social e ambiental que seu trabalho e sua empresa podem deixar no mundo. A sensação de estar alinhado com seu propósito e cumprindo sua missão nesta vida é única.

Quem você admira mais? Um CEO que ganha um milhão de reais por mês, mas é infeliz no trabalho, ou um empreendedor que começou ganhando pouco, porém impactou positivamente a vida de milhares de pessoas e ficou rico depois? Você admira mais uma empresa pequena que trabalha para a preservação do meio ambiente ou uma grande corporação que lucra milhões de reais desmatando a Amazônia e explorando pessoas?

Quando falamos em contribuir para um mundo melhor, o que ainda vem à mente de boa parte das pessoas é se dedicar a isso fora do horário de trabalho, voluntariamente. No entanto, também existem maneiras (que vamos abordar neste livro) de usar o horário comercial para realizar um trabalho que vai fazer bem para você e para a sociedade, dedicando mais tempo a ele e, ao mesmo tempo, sendo bem remunerado por isso.

Assim como muitos empreendedores bem-sucedidos que conheço atualmente, eu só trabalhava para receber um salário e benefícios das empresas empregadoras, mas estava incomodado em não trabalhar alinhado com meus valores pessoais e propósito de vida. Muitos ainda nem sabem qual é seu propósito, mas experimentam uma inquietante sensação de que podem usar seu tempo e suas habilidades em prol de um mundo melhor e, consequentemente, serem bem remunerados por isso. Já sentiu isso também?

A FALTA DE CONEXÃO ENTRE O TRABALHO E O PROPÓSITO DE VIDA É FATOR DETERMINANTE PARA ESSA INSATISFAÇÃO E INFELICIDADE NO TRABALHO.

@andersonvidaveg

O PROPÓSITO CONECTADO AO EMPREENDEDORISMO

Diariamente, nos deparamos com problemas e desafios que poderiam ser resolvidos com produtos ou serviços que ainda não existem ou que existem, mas ainda não satisfazem por completo a demanda das pessoas e não solucionam como deveriam os problemas sociais e ambientais que enfrentamos.

Por outro lado, muitos se dedicam a trabalhos voluntários e filantrópicos no pouco tempo livre que têm para contribuir para um mundo melhor, mesmo sabendo que podem fazer disso o próprio trabalho, que ocupa grande parte do tempo de nossa vida.

Esse cenário de escassez de produtos que suprem determinadas necessidades e a falta de dedicação às causas que me movem foi o que encontrei quando me tornei vegano. Senti muita falta de produtos veganos gostosos, saudáveis e acessíveis no mercado. Vi que essa era também a sensação de muitas pessoas no Brasil e que eu poderia oferecer esses produtos, salvar muitos animais com isso e contribuir para a sustentabilidade do planeta e para a saúde das pessoas.

No entanto, eu usava apenas meu tempo livre após o trabalho para fazer campanhas de conscientização sobre o veganismo. Elas tinham certa repercussão, mas era muito menor que o potencial de impacto que eu sabia ter nesta vida. A sensação era de impotência por não estar salvando os animais explorados pela indústria da proteína animal e por não ter dinheiro nem experiência para mudar isso.

Tenho certeza de que toda essa sensação de grande incômodo e insatisfação foi também o que impulsionou milhares de empreendedores a, assim como eu, pedir demissão e começar a empreender alinhados com seus propósitos para causar um impacto socioambiental positivo no mundo, além de gerar riqueza financeira.

Meu amigo e parceiro de propósito, Bruno Fonseca – fundador da The New Butchers, uma das maiores empresas de carnes vegetais do Brasil, e da Eat Clean, outra marca referência em alimentos saudáveis no país – me contou que passava pelo mesmo problema antes de fundar suas empresas: "Como vegano, enfrentei muitas dificuldades em encontrar produtos verdadeiramente saudáveis que não contivessem ingredientes de origem animal. Muitas vezes, ouvi pessoas dizendo que não seriam capazes de adotar uma dieta vegana, ou mesmo de reduzir o consumo de produtos com leite, em razão da percepção de falta de sabor. Essa reputação de que a comida vegana é insípida e sem atrativos muitas vezes era justificada pela escassez de opções saborosas no mercado. No passado, era comum os produtos veganos não serem saborosos, havia poucas opções disponíveis e as indústrias ainda não tinham conhecimento e comprometimento para produzir alimentos veganos realmente saborosos, saudáveis e nutritivos".

Assim como eu, ele enxergou a dificuldade como oportunidade de mudança: "Durante uma pesquisa para um projeto da empresa em que eu trabalhava antes de empreender, fiquei surpreso ao descobrir que a indústria pecuária é responsável por mais emissão de gás carbônico do que todos os meios de transporte combinados. Essa descoberta teve um impacto profundo em mim e mudou minha vida. A partir desse momento, comecei a pesquisar intensamente sobre o impacto de nossa alimentação no meio ambiente, os maus-tratos com os animais da indústria pecuária e como tudo isso está interligado à degradação do meio ambiente. Ao compreender a magnitude dos problemas associados à indústria pecuária, tornei-me vegano e decidi que era hora de mudar de carreira".

Ele conta ainda que essa indignação o fez empreender: "Descobri também que mais de 80% da soja plantada no Brasil é destinada à alimentação de gado para o comércio de carne, além do uso de produtos químicos nas indústrias produtoras de peixes, frangos, vacinas, hormônios e em muitos outros setores. Foi nesse contexto que senti uma forte necessidade de fazer algo significativo. Foi como se eu tivesse sido convocado por um desejo incontrolável de ser a mudança que eu gostaria de ver no mundo. Foi assim que nasceu a Eat Clean, com a missão de oferecer alimentos limpos e livres de aditivos químicos e ao mesmo tempo deliciosos, pois acredito que nossa alimentação pode ser saudável e saborosa sem a utilização de ingredientes de origem animal".

Essa dificuldade também impulsionou a ação de Marcela Camilo, fundadora de uma loja de produtos naturais em Boa Esperança, uma pequena cidade do interior de Minas Gerais. Marcela é cliente da Vida Veg. "Por ser vegana há muitos anos, vivenciei muitas vezes o sentimento de frustração por não encontrar, de maneira fácil e acessível, alimentos que não fossem de origem animal. Queria muito contribuir para um mundo mais justo, saudável, inclusivo e ético. Isso pulsava muito forte em mim, porém eu tinha de me calar diante de argumentos de que alimentos vegetais eram ruins ou caros, porque era verdade. Na minha cidade era impossível encontrar, regularmente, algo gostoso, acessível e saudável. A Oliva Granel está mudando esse cenário em nossa região."

Segundo pesquisa conduzida pelo Serviço de Apoio às Micro e Pequenas Empresas (Sebrae), quase metade dos brasileiros quer começar a empreender. Cerca de 46% dos entrevistados querem abrir o próprio negócio. Enquanto isso, o desejo de construir uma carreira em uma empresa está em oitavo lugar na pesquisa, sendo citado por apenas 32% dos participantes.[4]

O empreendedorismo também foi a solução para os problemas que Wagner Lopes, fundador do *hub* de sustentabilidade Conversas Sustentáveis, enfrentava: "Eu não conseguia trabalhar mais de três meses em qualquer empresa. Não gostava do modelo como as empresas tratavam os colaboradores e, principalmente, não achava que estava agregando algo à vida das pessoas como eu acreditava que deveria. Sempre tive conexão com as pautas de sustentabilidade e, por isso, comecei meu caminho de empreendedorismo guiado principalmente pelo propósito de contribuir para um mundo mais sustentável em todos os pontos".

---

[4] LIMA, L. 46% da população sonha em abrir o próprio negócio. Mas qual é o perfil do empreendedor brasileiro? **Seu dinheiro**, 24 mar. 2022. Disponível em: https://www.seudinheiro.com/2022/empresas/46-por-cento-da-populacao-sonha-em-abrir-o-proprio-negocio-mas-qual-e-o-perfil-do-empreendedor-brasileiro-confira-lils/. Acesso em: 23 dez. 2023.

A SENSAÇÃO DE INDIGNAÇÃO É O QUE IMPULSIONA ESSES MILHARES DE EMPREENDEDORES A MUDAR DE RUMO PROFISSIONAL E INICIAR NOVOS EMPREENDIMENTOS EM PROL DE UM MUNDO MELHOR.

@andersonvidaveg

Fernando Galdino, fundador do aplicativo Gaya, que quantifica as emissões de gases do efeito estufa do usuário (principalmente em meios de transporte) e o ajuda a compensar os impactos gerados em seu dia a dia por meio de crédito de carbono, também me procurou para manifestar seu incômodo: "Eu sempre tive um sentimento de decepção, de observar que o mercado está utilizando os recursos naturais para enriquecer e perdendo o foco central, que é a preservação do meio ambiente, a reconexão da sociedade com a natureza e a mobilização privada e governamental para o desenvolvimento de projetos de impacto social que fortaleçam a estrutura da sociedade. Por muito tempo isso me gerou certas frustações, pois nem sempre essa intenção de contribuir com minhas ideologias eram bem aceitas, e a cada experiência que vivia eu compreendia a importância de criar algo que fosse meu, em que minhas ideologias pudessem ser postas em prática. Em diversas ocasiões encarei limitações para impulsionar ideias e projetos, pois sempre havia a dependência de aprovação, de aceitação do que estava sendo proposto, e essas frustações, somadas com o aprendizado adquirido por essas experiências, me fizeram empreender".

Veja que a sensação de indignação é o que impulsiona esses milhares de empreendedores a mudar de rumo profissional e iniciar novos empreendimentos em prol de um mundo melhor. Você também sente isso?

Se você se identificou com as dificuldades apontadas até aqui, saiba que não está sozinho nessa jornada. A partir de agora, vou ajudar você a entender o que pode ser mudado em sua rotina, de modo que tenha um empreendimento alinhado com seu propósito de vida e ainda gere riqueza. Este é o livro certo para você!

CAPÍTULO 1

AS DIFICULDADES DO EMPREENDEDORISMO

A coragem de tomar a decisão de empreender é o primeiro grande passo que as pessoas entrevistadas no capítulo anterior e eu tivemos de dar. Contudo, sabemos que existem muitas barreiras e dificuldades nessa caminhada, a começar pela falta de recursos financeiros para criar essas empresas e experiência suficiente para empreender com sucesso.

Olhando para o mercado, observamos que muitas pessoas tentam empreender, mas acabam falindo suas empresas porque não têm base técnica e/ou comportamental necessário para enfrentar os desafios (que são muitos) do dia a dia de um negócio.

Antes de abrir uma empresa, é necessário ter uma série de conhecimentos, habilidades e atitudes para aumentar as chances de sucesso, mas fique tranquilo que vou abordar isso de maneira bem prática neste livro. Ao todo, o Brasil tem 43 milhões de empreendedores, dos quais 14 milhões já têm um negócio próprio estabelecido há, pelo menos, três anos e meio.[5] No entanto, de acordo com o Instituto Brasileiro de Geografia e Estatística (IBGE), 48% das empresas fecham em até três anos, e o principal motivo disso é a gestão ineficiente.[6]

O cenário do empreendedorismo no Brasil muitas vezes também dificulta o trabalho do empreendedor, tornando ainda mais nobres aqueles empreendedores que obtêm sucesso em nosso país. Em 2020, o projeto Doing Business citou em sua pesquisa que o Brasil é um dos países mais difíceis para empreender, e está

---

5 *Idem.*

6 OLIVAN, F. Quase 50% das empresas fecham em até três anos. **Fenacon**, 28 set. 2021. Disponível em: https://fenacon.org.br/noticias/quase-50-das-empresas-fecham-em-ate-tres-anos/. Acesso em: 23 dez. 2023.

na 124ª colocação, de um total de 190 países. Dois grandes motivos para isso são a alta complexidade dos impostos e da carga tributária e a grande burocracia que há no país.[7] Em 2018, o Banco Mundial elegeu o Brasil o país mais burocrático do mundo.[8]

A empreendedora Mariana Falcão, sócia da empresa de congelados vegetarianos Mr. Veggy, é uma pessoa que admiro muito pela coragem de ser a pioneira no Brasil com alimentos vegetarianos congelados, iniciando sua história em 2001. Ela compartilhou comigo essas dificuldades: "Eu não tinha experiência, então tive de aprender com meus erros, buscar mentorias e consultorias. Além disso, devo mencionar a carga tributária e a burocracia no Brasil. Se existissem maiores incentivos aos pequenos empreendimentos, poderíamos ser um país mais empreendedor. Quando saímos do sistema tributário do Simples, não conseguimos recuperar a rentabilidade que tínhamos antes".

Além dessas questões, temos uma dificuldade de acesso a financiamento para empreendedores no país. Um levantamento do Sebrae mostra que, entre 2020 e 2022, cresceu a proporção de empresários que encontraram dificuldades para obter um novo crédito. A proporção saltou de 63% para 84%, estabelecendo um recorde histórico na série. A falta de garantias reais (20%), a taxa

---

7 ENTRE 190 países, Brasil ocupa 124ª posição em ranking que avalia facilidade de fazer negócios. **Instituto Nacional de Tecnologia da Informação**, 31 out. 2022. Disponível em: https://www.gov.br/iti/pt-br/assuntos/noticias/iti-na-midia/entre-190-paises-brasil-ocupa-124-posicao-em-ranking-que-avalia-facilidade-de-fazer-negocios. Acesso em: 23 dez. 2023.

8 BRASIL é o país mais burocrático do mundo, segundo Banco Mundial. **Tributa. net**, 2 mar. 2018. Disponível em: https://www.tributa.net/brasil-e-o-pais-mais-burocratico-do-mundo-segundo-banco-mundial. Acesso em: 23 dez. 2023.

de juros muito alta (17%) e a falta de avalista/fiador (11%) foram as dificuldades mais citadas pelos donos de pequenos negócios que buscaram empréstimo ou financiamento bancário.[9]

Isso acaba desanimando as pessoas que têm vontade de empreender e, infelizmente, aquelas com menos escolaridade e acesso à informação de qualidade não sabem que há outras formas melhores de se conseguir recurso financeiro no mercado para iniciar um negócio. Mais adiante neste livro apresentarei essas alternativas.

Apesar desse cenário, há uma série de preocupações e políticas públicas sendo implementadas para melhorar essa situação em nosso país, inclusive a reforma tributária, que está em pauta em Brasília enquanto escrevo este livro. Eu sou naturalmente otimista e creio que em poucos anos teremos um cenário mais positivo para os heróis empreendedores.

Outro ponto de atenção no Brasil é a educação empreendedora, que ainda é muito pouco abordada nas escolas e faculdades, apesar de vir crescendo nos últimos anos pela iniciativa privada, com a implementação de cursos de empreendedorismo, e pelas instituições público-privadas, como o Sebrae. Mesmo com o elevado número de brasileiros empreendedores, a grande maioria deles não recebe treinamento adequado para isso e acaba falindo nos primeiros anos do negócio.

Vivemos em um sistema no qual o mais comum é estudar português, matemática, química, história e geografia, entre outras matérias tradicionais nas escolas. Então, aos 17 anos, o jovem deve escolher uma profissão, fazer faculdade para aprender a exercer essa profissão e entrar em uma empresa para trabalhar nela, buscando os melhores cargos e remunerações com o tempo e, depois, aposentar-se.

---

[9] DOS DONOS de pequenos negócios, 61% recorreram a empréstimos pessoais para financiar a própria empresa. **Agência Sebrae**, 28 dez. 2022. Disponível em: https://agenciasebrae.com.br/cultura-empreendedora/dos-donos-de-peque nos-negocios-61-recorreram-a-emprestimos-pessoais-para-financiar-a-propria-empresa/. Acesso em: 23 dez. 2023.

Ainda não há uma cultura de estudos sobre empreendedorismo nas escolas e universidades brasileiras que incentive os estudantes a desenvolverem soluções inovadoras para velhos problemas e a aprenderem como implementar isso de forma rápida e eficiente. Diferentemente daqui, em países como Alemanha e Estados Unidos os jovens são incentivados a abrir *startups* (empresas disruptivas, em estágio inicial), e as universidades funcionam como incubadoras de empresas, dando suporte para novos negócios.[10] Precisamos de escolas e faculdades que preparem os jovens para solucionarem os problemas reais da sociedade e que os incentivem e treinem para empreenderem com propósito. Este livro vem ajudar nesse objetivo!

EMPREENDEDORISMO E NEGÓCIOS DE IMPACTO COMO SOLUÇÃO DOS PROBLEMAS MUNDIAIS

O empreendedorismo é o maior protagonista na mudança de vida das pessoas e soluciona os problemas da sociedade da forma mais eficiente e justa possível. Quantas pessoas já saíram da pobreza e ficaram ricas por meio de suas empresas que solucionam grandes problemas da sociedade? São milhares de corajosos que souberam aproveitar oportunidades, passaram por muitos desafios e foram muito bem remunerados pelos clientes por isso. Ao mesmo tempo, quantas vidas foram melhoradas por esses líderes que trouxeram produtos e serviços inovadores? Pense em exemplos como o aumento da produtividade após a aquisição de um computador, o ganho de tempo com o trabalho remoto e as tecnologias que surgiram para isso, principalmente na pandemia (comprovando que problemas podem ser vistos como oportunidades).

---

10 FERRAZ, R. Jovens querem empreender, mas faculdades não ensinam como, diz pesquisa. **Veja**, 16 maio 2023. Disponível em: https://veja.abril.com.br/educacao/jovens-querem-empreender-mas-faculdades-nao-ensinam-como-diz-pesquisa. Acesso em: 23 dez. 2023.

O empreendedorismo é uma ferramenta gigante de transformação e melhoria do mundo!

Hoje podemos testemunhar no mercado várias iniciativas de empreendedores em diferentes áreas e que causam impactos notáveis. Por exemplo, muitos empreendedores se dedicam a melhorar a educação, criando soluções inovadoras para torná-la mais acessível e eficaz. Outros se concentram na saúde, desenvolvendo tecnologias que podem salvar vidas ou melhorar a qualidade de vida das pessoas. Há empreendedores que se destacam na área social, buscando solucionar problemas complexos como a desigualdade, a pobreza e a inclusão. Na área ambiental, há a economia de árvores por meio de arquivos digitais, a redução da emissão de CO_2 com carros elétricos (em países em que a matriz energética é limpa, como no Brasil). A conexão do propósito com o empreendedorismo tem um grande potencial de impacto positivo no mundo.

O Mapa de Empresas, realizado quadrimestralmente pelo Ministério do Desenvolvimento, Indústria, Comércio e Serviços, registrou mais de 21 milhões de empresas ativas no Brasil entre janeiro e abril de 2023. Do total, cerca de 20 milhões (93,7%) são microempresas ou empresas de pequeno porte, que geram 30% do PIB brasileiro[11] e 72% dos novos empregos.[12] Dentre esses milhões de empreendedores, uma boa parcela empreende ou tem vontade de empreender para causar impacto social e/ou ambiental positivo, contribuindo para um mundo melhor e trabalhando de forma alinhada com seus valores pessoais e propósitos de vida.

---

[11] CAMATTA, B. Dia Internacional das Micro, Pequenas e Médias Empresas: 5 números que mostram a importância desses negócios para o país. **Pequenas Empresas & Grandes Negócios**, 27 jun. 2023. Disponível em: https://revistapegn.globo.com/gestao/noticia/2023/06/dia-internacional-das-micro-pequenas-e-medias-empresas-5-numeros-que-mostram-a-importancia-desses-negocios-para-o-pais.ghtml. Acesso em: 23 dez. 2023.

[12] MICRO e pequenas empresas puxam retomada econômica gerando 72% dos empregos. **Jota**, 5 out. 2022. Disponível em: https://www.jota.info/coberturas-especiais/brasil-empreendedor/micro-e-pequenas-empresas-puxam-retomada-economica-gerando-72-dos-empregos-05102022. Acesso em: 23 dez. 2023.

O EMPREENDEDO-RISMO É UMA FERRAMENTA GIGANTE DE TRANSFORMAÇÃO E MELHORIA DO MUNDO!

@andersonvidaveg

Ainda há certa confusão entre empreendedorismo com propósito e filantropia no Brasil, mas já temos vários negócios de impacto como exemplos de que é possível gerar riqueza econômica e, ao mesmo tempo, trabalhar por uma causa.

Negócios de impacto são empreendimentos que têm o objetivo de gerar impacto socioambiental e resultado financeiro positivo de forma sustentável. Uma característica essencial que diferencia os negócios de impacto é a intencionalidade, ou seja, o negócio precisa ter a intenção e o objetivo claro de gerar consequência socioambiental positiva.[13]

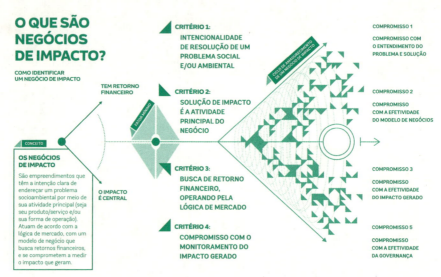

Fonte: Aliança, c2024. Disponível em: https://aliancapeloimpacto.org.br/wp-content/uploads/2020/03/ice-estudo-negocios-de-impacto-2019-web.pdf. Acesso em: 13 jan. 2024.

Em sua terceira edição, lançada em 2021, o mapeamento da Pipe.Social analisou um total de 1.272 negócios de impacto operacionais no Brasil, localizados principalmente na região Sudeste (58%). A pesquisa mostrou que a maior parte deles ainda é recente

---

[13] NEGÓCIOS de impacto: empreendedorismo que transforma. **Agência BNDES de notícias**, 11 jun. 2021. Disponível em: https://agenciadenoticias.bndes.gov.br/blogdodesenvolvimento/detalhe/Negocios-de-impacto-empreendedorismo-que-transforma/. Acesso em: 23 dez. 2023.

(60% têm até cinco anos de existência) e está nos estágios iniciais de desenvolvimento (80% encontram-se entre as etapas de desenvolvimento da solução e de organização do negócio), mas esse mercado vem evoluindo.[14]

Essa pesquisa é feita de dois em dois anos e mostra a evolução do número de negócios de impacto no Brasil: em 2016 eram 579 negócios; em 2018, 1.002 negócios; e em 2021, 1.272 negócios.

Com tudo que expus até aqui, acredito que você concorde comigo que há uma clara infelicidade e insatisfação de boa parte das pessoas no trabalho, uma crescente parcela das pessoas querendo empreender e trabalhar de forma alinhada com seu propósito, além de causar um impacto social e/ou ambiental positivo no mundo. Entretanto, ainda há uma carência de capacitação técnica e comportamental acessível para montar um negócio de impacto e fazê-lo ter escala com rentabilidade financeira.

Pesquisas também apontam um aumento claro de investidores interessados em investir em negócios de impacto no Brasil,[15] aumentando as oportunidades para as pessoas empreenderem com propósito. Contudo, essas pessoas precisam, antes, de capacitação para que esses recursos sejam empregados de forma eficiente, gerando retorno financeiro e impacto social e/ou ambiental.

Eu escrevi este livro sobre negócios com propósito para ensinar você a como descobrir seu propósito de vida, abrir uma empresa alinhada a isso (mesmo com pouco dinheiro) e comportamentos, técnicas e ferramentas para construir uma empresa de sucesso, ao mesmo tempo que causa um impacto positivo no mundo. Ou seja, mostro a você como ganhar dinheiro e contribuir para um mundo melhor por meio do empreendedorismo com propósito. Tudo isso de forma didática, prática, objetiva e acessível.

---

14 *Idem.*

15 BETHÔNICO, T. Investidores querem financiar projetos verdes no Brasil, mas não os encontram. **Folha de S.Paulo**, 25 mar. 2022. Disponível em: https://www1. folha.uol.com.br/mercado/2022/03/investidores-querem-financiar-projetos-verdes-no-brasil-mas-nao-os-encontram.shtml. Acesso em: 23 dez. 2023.

Sei que o recurso mais valioso e irrecuperável que temos é o tempo, portanto é um livro que vai direto ao ponto para ajudá-lo a empreender e atingir o sucesso que você almeja. Essas dicas são baseadas em minha experiência de treze anos de mercado e oito anos de empreendedorismo com a Vida Veg, empresa que fundei e hoje é o maior laticínio vegano do Brasil, líder no segmento *plant based*.

Já se foi o tempo em que empresas de sucesso eram empresas que vendiam muito e tinham lucros exorbitantes. Os negócios de sucesso, agora, são os negócios com propósito que, ao mesmo tempo, têm retorno financeiro e trazem soluções que tornam o mundo melhor!

Você precisa ser feliz também de segunda a sexta em horário comercial, afinal passamos um terço do tempo de nossa vida e mais da metade do tempo acordados no trabalho. Nada melhor que trabalharmos alinhados com nossa missão e contribuirmos para um mundo melhor por meio dessas muitas horas de trabalho. Se você leu até aqui, eu tenho certeza de que concorda comigo que você veio ao mundo para deixar um bom legado e que pode trabalhar em prol disso. Continue que eu vou ajudá-lo!

Para ilustrar um pouco essa trajetória árdua a ser percorrida e todos os obstáculos que costumamos encontrar quando empreendemos, quero compartilhar com você minha história e mostrar como consegui vencer cada empecilho pelo caminho.

CAPÍTULO 2

MINHA HISTÓRIA e como tive sucesso no empreendedorismo com PROPÓSITO

Vou contar um pouco da minha história para você entender como cheguei até aqui, após fundar, em 2015, a maior empresa de produtos veganos refrigerados do Brasil, que atualmente vale algumas centenas de milhões de reais e já causou um grande impacto social e ambiental no mundo. E você vai ver que pode trilhar um caminho semelhante, com muita dedicação e persistência!

DA INFÂNCIA À ADOLESCÊNCIA

Nasci em Itajubá (MG) e vivi em São José dos Campos (SP) até os 18 anos. Sou filho da Zélia e do Benedito, duas referências de pessoas guerreiras que saíram da roça, no interior de Minas Gerais, onde batalhavam para ter o que comer, e foram arriscar suas vidas em São José dos Campos. Com muito amor, suor e trabalho, eles conseguiram me proporcionar uma vida simples, mas muito feliz, pois a felicidade não vem das coisas materiais.

Tive muitos amigos na infância, jogava bola descalço na rua, brincava de esconde-esconde, empinava pipas e jogava bolinhas de gude, entre outras brincadeiras muito diferentes das que as crianças de hoje procuram, que, em sua maioria, ficam em frente a uma tela de celular, computador ou tablet, sem conexão humana, tão importante para nosso desenvolvimento e evolução. Ainda na adolescência, entreguei panfletos para ganhar "uns trocados".

Meu pai trabalhou por trinta anos na General Motors, empresa multinacional montadora de veículos, e minha mãe dedicava seu tempo a cuidar da casa, de mim e da minha irmã, sempre de forma impecável. Quando comecei a pensar no que fazer profissionalmente, tive a referência do meu pai, que acordava às 4 horas da manhã para pegar ônibus e ir trabalhar, e só voltava no fim da tarde. Ele ficava o dia todo montando veículos com os colegas. Ao testemunhar isso, aprendi o valor do trabalho na vida das pessoas desde cedo. Fui, então, me candidatar para estudar no Senai (uma escola técnica), em busca desse objetivo.

Nessa mesma época, Dario, um dos colegas da escola pública onde eu cursava o ensino fundamental, me mostrou, em uma página de jornal, um processo seletivo no colégio Engenheiro Juarez Wanderlei. Era um lindo projeto social da fabricante de aviões Embraer, para o qual apenas estudantes de escolas públicas e de baixa renda podiam se candidatar para entrar e cursar o ensino médio. Resolvi fazer a prova e passei.

Sem saber o que encontraria, fiquei encantado já no primeiro dia na escola. Muito diferente das instituições em que eu havia estudado até então, que tinham estruturas físicas precárias, brigas entre alunos, eram desorganizadas e com condições ruins de aprendizado, no colégio da Embraer vi que tudo seria diferente: aquele era um prédio novo, lindo, com data-shows em todas as salas, um refeitório enorme, quadras de futebol, áreas verdes em todos os cantos, salas específicas de oficinas de música, desenho etc. Era um novo mundo para mim, aos 15 anos. Conforme fui conhecendo os professores, também vi que eles eram de um nível muito alto. Essa escola oferecia a todos os alunos transporte de primeira, uniforme, material escolar, café da manhã, almoço e café da tarde (pois ficávamos o dia inteiro estudando e só chegávamos em casa à noite). Todos os alunos que saíram da realidade semelhante à que eu vivia perceberam que ali havia uma grande oportunidade de mudar de vida.

Ao longo dos três anos que fiquei lá aprendi muito, fiz novos amigos, que permaneceram para o resto da vida e, no último ano, tive de tomar a decisão de qual profissão seguir. Como gostava de geografia, história e matemática, li, em uma daquelas revistas que ajudam os jovens a escolher suas profissões, que administração seria uma profissão adequada para quem se dava bem nessas matérias. Ao mesmo tempo, porém, ouvi dizer que administração era para quem "não sabia o que fazer da vida" (risos). Ainda assim apostei nisso e intensifiquei os estudos para passar em universidades públicas ou ganhar bolsas em faculdades particulares. No fim, consegui passar em quatro universidades públicas e ganhar uma bolsa integral gratuita no ProUni, um programa do Governo Federal que ajuda jovens de baixa renda a fazer uma boa graduação sem precisar gastar o que já não têm.

A SAÍDA DA CASA DOS PAIS AOS 18 ANOS, EM BUSCA DOS MEUS SONHOS

Ao sair da casa dos meus pais, quando tinha 18 anos, optei por uma vaga de bolsista na PUC de São Paulo, pois lá o curso era noturno e eu teria a oportunidade de trabalhar durante o dia. Nos primeiros dias, no caos da maior cidade do Brasil, fiquei angustiado ao entrar em um elevador e não receber uma resposta de um bom-dia que dei para uma pessoa que já estava lá. As pessoas não se cumprimentavam e não se reconheciam nas ruas. Todos estavam focados em trabalhar e fazer dinheiro. Não achei a forma mais adequada de se viver. Também não senti muita receptividade da turma da faculdade, que era mais velha e de poder aquisitivo visivelmente maior.

Comecei a pensar em ir para a Universidade Federal de Lavras (UFLA), uma universidade enorme em uma cidade pequena no interior de Minas Gerais e que tinha outro estilo de vida. Na primeira visita à faculdade para fazer a matrícula fui muito bem recebido. Fui, então, visitar as repúblicas universitárias para tentar encontrar um lugar bom e barato para morar. Em uma das repúblicas que visitei, senti que ali era meu novo lar. Encontrei pessoas receptivas, alegres, prestativas, uma mesa de bilhar e uma casa bacana onde sabia que teria uma vida universitária como os estudantes gostam de ter.

Quando escolhi mudar para Lavras, me veio à mente a pergunta: como vou me manter financeiramente se o curso lá é em período integral e não vou poder trabalhar para ter uma fonte de renda? Foi aí que descobri algumas bolsas de trabalhos remunerados de alunos em projetos da faculdade. Pleiteei uma bolsa do colégio da Embraer, que ajudava alunos sem condições financeiras a se manter fora de casa durante o curso, com um empréstimo de 400 reais por mês, que tinha de ser pago em prestações extremamente acessíveis após a conclusão do curso e o início de algum trabalho com carteira assinada. O requisito era não ter notas baixas na faculdade, o que até me impulsionou a ser mais disciplinado e ter ótimas avaliações. Com essa bolsa, eu conseguia pagar as contas. Fui, então, pleitear outra bolsa na faculdade para ter dinheiro para curtir as festas universitárias, das quais gostava muito. Cheguei a ser eleito "o mais arroz de festa" em uma votação da universidade (risos).

Guilherme Cabral, um amigo que morava na mesma república em que morei, era bolsista do Programa de Educação Tutorial (PET) do curso de Engenharia de Alimentos da UFLA e me indicou para tentar ser bolsista do PET Administração. O processo seletivo era rigoroso e geralmente passavam apenas alunos do terceiro período. Eu estava no segundo período, mas consegui entrar. Criei um projeto de levar o conhecimento do curso de Administração da UFLA para a Associação de Pais e Amigos dos Excepcionais (Apae) de Lavras, como se fosse uma consultoria gratuita e voluntária, para ajudar uma instituição beneficente. Assim, trabalhava e ainda ajudava outras pessoas que precisavam. Com esse projeto e meu bom desempenho em testes e entrevistas, consegui entrar entre os primeiros no grupo, que era formado por doze alunos e um professor tutor, e comecei a receber uma bolsa de 300 reais por mês.

Nesse grupo, ajudei a organizar eventos, entre eles, o maior congresso de administração de Minas Gerais, que contou com 350 pessoas de todo o Brasil. Pesquisei vários temas e publiquei artigos científicos nos congressos mais disputados do país. Participei de projetos que ajudavam alunos do ensino médio de escolas públicas a fazer um bom currículo e a se comportar bem em uma entrevista, para auxiliá-los a entrar no mercado de trabalho.

Esses projetos fora da sala de aula foram essenciais para minha carreira, pois ali desenvolvi habilidades que não se aprende somente com a teoria, como trabalhar em equipe, liderar e ser liderado, técnicas de negociação (para vender patrocínio do congresso para grandes empresas, por exemplo), falar em público etc. Por isso, recomendo fortemente aos estudantes que não fiquem apenas em salas de aulas, mas também procurem projetos extracurriculares para desenvolver suas habilidades durante a graduação, pois nesse período eles podem errar com uma probabilidade muito maior de serem perdoados do que quando se erra no mercado de trabalho.

Outra experiência durante a vida universitária que me ajudou muito a desenvolver habilidades comportamentais foi ter morado em repúblicas. Morei em três repúblicas diferentes, em que havia de seis a doze estudantes morando simultaneamente sob o mesmo teto, e isso me proporcionou conhecer muitas pessoas e aprender a lidar com as complexidades de cada ser humano. Antes de sair da casa dos meus pais, eu era muito tímido e retraído para conhecer novas pessoas, mas nas repúblicas percebi que isso era uma aventura prazerosa que trazia muitas surpresas e aprendizados. Isso me fez desenvolver habilidades como relações interpessoais e inteligência emocional, pois conviver com pessoas de costumes e rotinas diferentes exige também muito equilíbrio para evitar conflitos que vão desgastar as relações sem trazer grandes evoluções. Além disso, eu cuidava das contas da casa, aprimorando o senso de gestão, organização e responsabilidade. Em 2008, também tive iniciativas empreendedoras com amigos da república Arapuca, onde organizávamos festas em casa para cerca de cinquenta pessoas, que foram fazendo sucesso e crescendo até o limite da casa. Chegamos a receber quatrocentas pessoas. Então começamos a organizar eventos em sítios e outros locais que comportassem o crescimento dos eventos, que eram diferentes de todos os outros da região. Atualmente, aqueles encontros se tornaram o maior festival do interior de Minas Gerais, que recebe mais de 20 mil pessoas e proporciona grandes shows. Proatividade, organização, liderança, trabalho em equipe, comunicação e relacionamento foram essenciais para sustentar esse crescimento e sucesso.

No ano de 2009, passei em um processo seletivo para estagiar na área de treinamento e desenvolvimento do departamento de gestão de pessoas da Philips do Brasil, uma empresa multinacional que tinha uma unidade em Varginha (MG). Fui para lá e passei três meses excelentes de aprendizado sobre a área e sobre como funciona uma grande empresa na prática. Após isso, recebi um convite de um colega da faculdade (que posteriormente viria a ser meu sócio) para fazer o marketing da Verde Campo, um inovador fabricante de laticínios sem lactose, que crescia significativamente no Brasil. Não havia ninguém no departamento de marketing, eu fui o primeiro profissional dedicado integralmente a estruturar a área e fazer a marca e seus produtos serem mais conhecidos. Nesses seis meses, eu me identifiquei muito com a área de marketing, aprendi e implementei muitas coisas boas.

No fim de 2009, eu me formei, e então surgiram as perguntas que todo formando se faz: "E agora?", "O que vou fazer?", "Para onde vou?". Como eu amava a cidade de Lavras, meus amigos e tudo o que a UFLA me proporcionava, fiz o processo seletivo para cursar o mestrado e passei. Consegui também uma vaga para trabalhar em um dos maiores bancos do Brasil, na unidade de São José dos Campos, justamente na esquina da rua em que meus pais moravam. Para permanecer na cidade que eu adorava, estudar mais profundamente a área de marketing, fazer pós-graduação e assim almejar vagas melhores em grandes empresas, que era meu pensamento na época, preferi fazer o curso de mestrado em gestão estratégica, marketing e inovação na UFLA.

A DESCOBERTA DO PROPÓSITO E A IDEIA DA VIDA VEG

Em 2010, resolvi entrar em uma ONG de proteção animal, o Grupo Gaia. A ONG era formada por um grupo de estudantes da UFLA, com poucos recursos, mas muita disposição, que se juntava para fazer ações em prol da defesa dos animais. Foi ali que conheci alguns veganos e vegetarianos e percebi que, se eu amava os animais, não fazia sentido vê-los como alimentos e incentivar a exploração e matança de animais sem necessidade, pois é possível ter uma vida saudável somente com alimentação vegetal. Resolvi estudar o vegetarianismo para minha vida pessoal e, como Deus faz tudo na hora certa, eu estava no período de escolha do tema de minha dissertação de mestrado.

Minha área de estudo no mestrado era consumo consciente. Sempre gostei de estudar sustentabilidade, e nessa época os estudos eram mais focados em embalagens recicláveis e diminuição da geração de resíduos. Então me perguntei: "Se o vegetariano/vegano é um consumidor consciente, por que não estudar o comportamento desse consumidor e unir o útil ao agradável, já que vou estudar vegetarianismo para minha vida pessoal?". Então, fui falar com o professor Daniel Rezende, meu orientador do mestrado, que apoiou prontamente minha ideia, pois não havia estudos nesse campo no Brasil e muito poucos no mundo.

Fiquei um ano entrevistando veganos e vegetarianos e entrando nos grupos deles na internet para entender suas dificuldades, rotinas e escolhas, busquei me tornar vegano e aprendi muito sobre o tema. É importante destacar que, quando buscamos praticar e vivenciar o propósito, nos expomos e nos tornamos mais propícios a encontrar problemas nisso, que posteriormente se tornam oportunidades, ainda mais se for um problema que atinge muitas pessoas.

Quando fui ao supermercado procurar itens que eu costumava comprar, como carne, leite e ovos, porém produtos similares de origem vegetal, não achei nada em Lavras, que era uma pequena cidade do interior. Fui a São Paulo e encontrei alguns produtos, mas tinham sabor ruim, eram caros e não tão saudáveis. Confirmei essa experiência pessoal com os entrevistados de minha pesquisa de mestrado e vi que era uma dificuldade geral. Pensei que não era possível, até então, ninguém ter feito carne, leite, ovos e derivados de origem vegetal com um sabor parecido com o dos produtos de origem animal e que fossem gostosos, saudáveis e acessíveis... Eu mesmo faria isso e resolveria meu problema e o dos veganos e vegetarianos de todo o Brasil. Resolveria o problema daqueles que estavam querendo parar, ou pelo menos diminuir, o consumo de produtos de origem animal. Com isso, poderia diminuir a produção de produtos de origem animal, aumentar os de origem vegetal e salvar a vida dos animais que tanto amo e que estavam sendo explorados. Tínhamos, por ano, 80 bilhões de animais sendo mortos para consumo no mundo, o que significava cerca de dez vezes a população humana mundial, contando apenas os terrestres, sem contabilizar os quase três trilhões de animais aquáticos.

É importante ressaltar aqui que as dificuldades e os problemas enfrentados por empreendedores, na verdade, deveriam ser vistos como desafios e oportunidades! Você já parou para pensar que alguma dificuldade sua e das pessoas à sua volta pode ser uma oportunidade de empreender? E que, quanto maior o tamanho do problema, maior é o potencial de retorno financeiro e impacto se você o solucionar adequadamente? Pode faltar emprego no mercado, mas não faltam oportunidades para empreender e resolver problemas do mundo.

Surgiu então a ideia que me fez empreender quatro anos depois, pois na época eu não tinha dinheiro nem experiência para iniciar o negócio. Fui então, no fim de 2011, trabalhar como coordenador de marketing em uma grande empresa no interior de São Paulo, onde aprendi muito e consegui juntar dinheiro suficiente para começar minha empresa. Eu estava bem financeiramente nesse negócio e feliz com as viagens internacionais de premiação que eu organizava para os melhores vendedores da empresa e, como estava à frente da organização, ia todos os anos a cidades como Las Vegas, Cancun... Para quem tinha saído de uma vida com baixa renda, aquilo era um sonho, porém não estava alinhado com meu propósito de vida de salvar os animais e causar um impacto positivo nas pessoas e no planeta.

A ESCOLHA PELO EMPREENDEDORISMO E O INÍCIO DA VIDA VEG

Já planejando abrir a empresa, um ano antes de pedir demissão no emprego, comecei a fazer pesquisas de mercado, cursos de empreendedorismo e planos de negócios. Vi que precisaria de alguém com conhecimento técnico, então convidei Álvaro Gazolla para ser meu sócio. Ele é engenheiro de alimentos e tinha me chamado para estagiar na Verde Campo, em 2009. Assim, teria alguém com conhecimento complementar ao meu para ajudar a estruturar a fábrica e desenvolver os produtos.

Então, em maio de 2015, pedi demissão do emprego e voltei para Lavras. Bati à porta da casa do Álvaro e falei: "Pedi demissão, vamos começar". Eu estava apenas com a mala de roupas e não tinha nem lugar para morar, então fiquei hospedado na casa dele por alguns dias. Fomos buscar um local para começar a produzir os alimentos. Vimos vários locais, porém com aluguéis muito caros para quem queria começar com pouco dinheiro. Depois de muita procura, encontramos uma antiga fábrica de laticínios na zona rural de Lavras. Ela tinha fechado cinco anos antes e estava lacrada pela vigilância sanitária por não terem cumprido as regras. Escolhemos alugar esse local por ter um preço mais acessível, mas estava caindo aos pedaços, com vários vidros quebrados, teias de aranha, sujo... mas começamos assim mesmo! Contratei uma equipe de pedreiro e serventes para reformar o local e o Lele, um amigo que morava na república Arapuca, onde morei na faculdade, e que estava precisando de emprego. Juntos, começamos a limpar a futura fábrica e a preparar as coisas.

AS DIFICULDADES E OS PROBLEMAS ENFRENTADOS POR EMPREENDEDORES, NA VERDADE, DEVERIAM SER VISTOS COMO DESAFIOS E OPORTUNIDADES!

@andersonvidaveg

Primeira fábrica da Vida Veg, em 2015, na zona rural de Lavras, MG.

A PRIMEIRA VENDA DO SONHO

Alguns dias após começar a reforma na fábrica, comprei uma passagem de avião para Recife, onde aconteceria o VegFest, o maior evento vegano da América Latina, que acontece anualmente (cada ano em uma cidade diferente) e reúne cerca de mil pessoas. Alguns dias antes do evento, mandei imprimir alguns fôlders de iogurtes veganos, que ainda não existiam no Brasil, e levei para o evento. Chegando lá, pedi permissão ao organizador do evento para colocar esses prospectos nas cadeiras no intervalo entre uma palestra e outra, quando as pessoas saíam da sala. Após certa resistência do organizador – como eu não era um patrocinador oficial, não podia distribuir fôlders no evento –, com insistência e brilho nos olhos, consegui o consentimento dele. No meio da plateia havia alguns donos de lojas de produtos veganos, saudáveis e naturais de várias cidades do país que se interessaram e vieram me procurar. Ali fiz as primeiras vendas... E considero que eu não vendi iogurtes, mas, sim, um sonho! Consegui emitir pedidos de 60 litros no total e voltei feliz para Lavras. Avisei o Álvaro de que agora tínhamos de nos apressar com a receita do iogurte, pois precisávamos entregar o produto no prazo prometido – e ainda nem tínhamos desenvolvido a fórmula.

Quero que você, leitor, repare aqui na importância e no poder imenso de começar de fato. É natural do ser humano resistir aos começos e a coisas novas, ainda mais quando o risco é grande, mas um simples primeiro passo pode dar origem a consequências que se estendem por um horizonte infinito. Experimente, faça seu melhor e veja o que acontece!

A PRIMEIRA PRODUÇÃO

Conseguimos uma formulação aceitável para iniciar aqueles iogurtes (que ainda seriam bastante melhorados posteriormente) e combinei com Lele e Pedro, nosso segundo contratado, de começarmos a produzir às 5 horas da manhã do dia seguinte, pois teríamos apenas um dia para elaborar os 60 litros encomendados. No dia anterior, comprei alguns quilos de coco seco nos supermercados de Lavras, que seriam a base de nosso iogurte. Comprei também uma maquininha de mil reais que extraía suco de frutas para extrair o leite de coco da polpa. E o dia chegou! Lembro-me como se fosse ontem, mas já se passaram oito anos. Pegávamos o coco, colocávamos a fruta em cima de um fogão antigo que havia na cozinha da fábrica, colocava fogo nela, batia com o martelo para retirar a casca dura, retirava a película manualmente com a faca, passava na maquininha para extrair o leite do coco e depois o colocava na panela para fermentação. Às 5 horas da tarde tínhamos conseguido apenas 30 litros, pois o processo era muito manual e difícil. Vi que não íamos dar conta do trabalho em apenas três pessoas, então fui à república em que eu morava buscar alguns estudantes para nos ajudar. Conseguimos terminar às 2 horas da manhã do dia seguinte!

Bem cedo, naquele mesmo dia, coloquei os iogurtes no porta-malas do carro e fui entregá-los na transportadora, feliz por ter emitido a primeira nota fiscal de venda. Tudo aconteceu com estrutura precária, fábrica antiga, fogão velho, equipamentos usados e baratos, mas muita força de vontade e dedicação. Ali o sonho começava definitivamente a ter vida!

A BUSCA DE RECURSOS E O CRESCIMENTO DA EMPRESA

A Vida Veg foi crescendo, e depois de três anos de muito trabalho e persistência, dois novos sócios, Arlindo e Iago, entraram com um investimento que nos ajudou a pagar as dívidas e construir a maior e mais moderna fábrica de leites vegetais e derivados (requeijões, iogurtes, queijos, manteiga etc.) do Brasil. Inauguramos essa fábrica em janeiro de 2020. Montamos também um conselho de administração que contribuiu para o aprimoramento das estratégias e gestão da empresa. Em 2019, Álvaro veio para a diretoria e, em 2021, Arlindo também se juntou a nós na operação, somando então três sócios-diretores a partir daí.

A empresa continuou crescendo, e vi que precisaríamos de mais dinheiro para investir. Como meus sócios eram capitalizados e eu, não, fiquei com receio de ser diluído, ou seja, de perder porcentagem da sociedade caso a empresa precisasse de mais investimento e eu não tivesse recursos financeiros. Foi então que preparei um *business plan* (plano de negócios) e uma apresentação e fui ao mercado vender mais uma parte da empresa para captar investimentos. Após conversar com mais de vinte fundos de investimentos, fazendo um processo seletivo com eles dos dois lados – pois tanto eles quanto eu estávamos escolhendo quem queríamos como parceiro, visto que eu não queria apenas mais sócios-investidores, mas pessoas alinhadas com o propósito da empresa e com vontade de causar impacto positivo no planeta –, conseguimos fechar com a X8 investimentos em novembro de 2021. Pela negociação do *valuation* (valor da empresa), vi que a Vida Veg já valia algumas centenas de milhões e percebi que o negócio realmente estava ficando grande.

UM SIMPLES PRIMEIRO PASSO PODE DAR ORIGEM A CONSEQUÊNCIAS QUE SE ESTENDEM POR UM HORIZONTE INFINITO.

@andersonvidaveg

A COLHEITA

Com indicação da própria X8 investimentos, ainda em 2021, participei de um processo seletivo da Ernst & Young, a maior empresa de auditoria e consultoria do mundo, e recebi o prêmio de Empreendedor do Ano no Brasil, um dos maiores reconhecimentos que já tive.

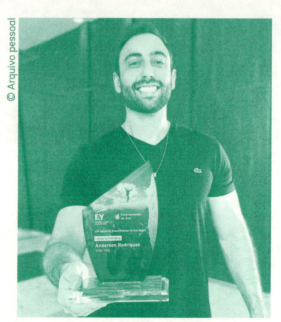

Prêmio de empreendedor do ano 2021 entregue pela Ernst & Young.

De lá para cá, enquanto escrevo este livro, em dezembro de 2023, continuamos crescendo aceleradamente: somos a marca líder nesse segmento no país, com um faturamento próximo a 100 milhões por ano; triplicamos o tamanho de nossa fábrica, que hoje tem 5 mil metros quadrados e capacidade produtiva de mil toneladas por mês (sendo a maior e mais moderna do Brasil nesse mercado); temos quarenta produtos sendo vendidos em 6 mil pontos de venda em todos os estados do Brasil e mais de 140 colaboradores competentes e engajados na missão de contribuir para um mundo melhor, facilitando o acesso a alimentos de base vegetal, gostosos e saudáveis.

Fábrica da Vida Veg em 2023, no distrito industrial de Lavras, MG.

E quando falo mundo melhor, não quero me referir apenas a salvar animais, mas também levar alimentos mais saudáveis para as pessoas e proporcionar a oportunidade de ter uma alimentação mais sustentável para o planeta, uma vez que produtos de origem vegetal precisam, em média, de 78% menos água (a cadeia de produção animal consome 90% da água potável disponível no planeta), 90% menos terra (1/3 de toda a terra produtiva do planeta já é usada para a criação de gado e 70% de todas as áreas agrícolas são usadas para plantar grãos que alimentam rebanhos) e emitem uma quantidade muito menor de gases do efeito estufa do que os similares de origem animal (o atual sistema alimentar mundial emite 34% da emissão desses gases, que precisam ser reduzidos em 45% até 2030), para entregar a mesma quantidade de energia e nutrientes. Assim, podemos alimentar mais pessoas com a alimentação vegetal usando muito menos recursos naturais, com isso também temos a chance de diminuir a fome no mundo. (Enquanto escrevo este livro, mais ou menos 850 milhões de pessoas passam fome.)

Quem vê esses números pode pensar que minha jornada foi fácil, mas não foi! Foram quatro primeiros anos sozinho na diretoria, sem tirar férias, sem descansar nos fins de semana e feriados, trabalhando cerca de quatorze horas por dia sem parar, vivendo muitos momentos solitários, abdicando de momentos de lazer com a família e amigos, tudo em prol do propósito de salvar animais. Percebi também que se você não tem alguém (nem dinheiro para pagar alguém) para fazer algo, você mesmo deve colocar a mão na massa e fazer acontecer. Com persistência e vontade de aprender, tudo pode sair da cabeça e do papel para se tornar realidade.

Em dezembro de 2022, decidi sair da diretoria da Vida Veg para trilhar novos caminhos visando ampliar meu impacto positivo no mundo, mas continuo sócio e membro do conselho. O sentimento é que coloquei um filho no mundo, me dediquei muito à sua criação, e ele cresceu e está saindo de casa para andar com as próprias pernas. Como um bom pai, estarei sempre dando o apoio necessário, mas ele não precisa mais da minha dedicação integral para continuar a vida.

Conheça um pouco mais sobre a Vida Veg no site:

Em 2023, realizei meu sonho de viajar o mundo e conhecer novas culturas, novas pessoas e expandir minha consciência. Viajei por 23 países até hoje e aprendi muito com diferentes realidades (você pode ver fotos e vídeos dessas viagens no Instagram @andersonricrodrigues). Vi que nossos problemas são muito pequenos perto dos problemas de outras pessoas que precisam de nossa ajuda. Hoje dou palestras e presto consultorias e mentorias para ajudar outras empresas a crescer e conquistar sucesso, sempre com o propósito de causar impacto social e ambiental positivo no mundo. Escrever este livro faz parte disso, pois, com minha experiência, quero ajudar pessoas como você a encontrar seu propósito de vida e transformá-lo em uma empresa de sucesso!

Assista a este vídeo no Instagram, no qual conto minha história e como trabalho para resolver os maiores problemas do mundo:

Veja também este vídeo, no qual explico um pouco mais sobre os impactos socioambientais da alimentação e comparo os produtos de origem animal e de origem vegetal:

Este vídeo que gravei e está disponível no YouTube traz um pouco mais de detalhes sobre os impactos da alimentação na saúde, na sustentabilidade do planeta e na vida dos animais:

O QUE VIM FAZER AQUI?

Ninguém está nesta vida por acaso. Cada um tem seu propósito, e ao longo deste livro vamos falar bastante sobre isso.

Na infância, eu sempre tive empatia e amor pelos animais, brigava com meus pais para ter cachorros e coelhos em casa. Além de cachorros, tivemos galinhas de estimação. Cresci com esse sentimento. Na faculdade, entrei em um grupo de proteção animal e descobri que o vegetarianismo é a melhor maneira de salvar os animais e o planeta. Como já tinha conhecimento de gestão, que conquistara na faculdade e nas experiências práticas, pensei: *devo usar o conhecimento que tenho para alavancar o veganismo no mundo e cumprir meu propósito de salvar os animais*. Foi então que tive certeza de como queria trabalhar e do meu propósito de vida: contribuir para um mundo melhor por meio do empreendedorismo, salvando animais e causando impacto social e ambiental positivo no planeta.

Passamos grande parte da vida trabalhando, portanto, precisamos usar esse tempo valioso para cumprir nosso propósito nessa jornada. Eu decidi empreender com a Vida Veg para usar as ferramentas de gestão e minhas habilidades em prol dos animais, do planeta e da saúde das pessoas. Para mim, o campo de batalha é o dos negócios, e minha inteligência é minha arma. Largar um emprego bom, no qual eu tinha boa remuneração, vários benefícios e fazia viagens nacionais e internacionais todos os anos não foi uma decisão fácil. Ainda mais na crise econômica que o Brasil vivenciava em 2015, mas foi o primeiro grande desafio nessa caminhada. Meus amigos e familiares me chamaram de louco, mas são os loucos que mudam o mundo.

Agora pretendo continuar trabalhando nesse propósito, com novos projetos, entre eles o de escrever este livro para vocês. Acredito que ajudar as pessoas a descobrir seus propósitos e trabalhar e empreender com eles vai tornar o mundo melhor.

É difícil determinar o que resume o sucesso na vida de uma pessoa. Uns dizem que é o tanto de amigos que deixou. Outros dizem que é o que conquistou na vida profissional e financeira. Outros, o tanto que amou. Outros, ainda, o tanto de pessoas que curou. Quanto a mim, meu sucesso está representado pela quantidade de animais que salvei e de pessoas que seguiram e ainda vão seguir meu exemplo, trabalhando por um mundo melhor.

Não foi à toa que contei tudo isso, quis mostrar que qualquer pessoa, mesmo sem uma boa condição financeira, como era meu caso, consegue encontrar oportunidades e alcançar seus sonhos. Basta buscar ajuda e conhecimento (como você está fazendo ao ler este livro), capacitar-se, encontrar seu propósito, ter foco e dedicação. Nos próximos capítulos vou compartilhar a experiência que adquiri durante toda a minha história para ajudar você a encontrar seu propósito e, com base nele, criar sua empresa de sucesso!

CAPÍTULO 3

DESCUBRA SEU PROPÓSITO

Qual das alternativas abaixo representa melhor seu trabalho atual?

1. Troco meu tempo, conhecimentos e habilidades por um salário;
2. Cumpro um propósito maior, uma missão para um mundo melhor.

A maioria das pessoas se encaixa na primeira alternativa. Acorda cedo para trocar seu tempo por remuneração financeira sem pensar em propósito, no motivo daquele trabalho. Já a minoria sente que exerce um propósito maior no trabalho, que está cumprindo uma missão para um mundo melhor.

Infelizmente, as últimas gerações se depararam com a decisão de qual carreira seguir muito cedo, antes dos 18 anos, e o principal fator de escolha da maioria, muitas vezes influenciada pelos pais, foi fazer o que dá mais dinheiro, como se o dinheiro trouxesse felicidade e realização. Hoje temos várias pessoas ricas, famosas e cheias de dinheiro em depressão. Muita gente tem status, vários seguidores nas redes sociais e ótima remuneração, mas não se sente realizada. O sucesso tem menos a ver com dinheiro e mais a ver com o impacto positivo que deixamos no mundo. A verdadeira sensação de realização vem quando o trabalho se conecta com o propósito.

Muita gente fala: "Ah, tenho de escolher entre o que dá dinheiro ou o que dá prazer, não dá para ficar com os dois", mas o correto seria pensar em fazer o que dá prazer lhe dar também dinheiro. O que dá prazer é um bom indicativo de seu propósito, como veremos adiante. Em todas as profissões há pessoas bem e malsucedidas. Não é a profissão que determina o sucesso de um profissional, mas quão competente ele é e como consegue servir a sociedade com seu trabalho. Existem advogados fracassados e outros com muito sucesso, médicos falidos e médicos milionários, jogadores de futebol muito famosos e aqueles que desistiram antes dos 25 anos, ou seja, em todas as profissões você terá a chance de ter sucesso, depende de você!

Você não deve se comparar e querer ser igual aos outros; pois é único e não há, nem nunca houve, nem jamais haverá alguém igual a você neste mundo! Cada um tem seu propósito e constrói a própria história!

Com a sensação de vazio no trabalho, as rotinas estressantes e o aumento do interesse das pessoas em encontrar seu propósito, nos últimos anos, muita gente tem pesquisado sobre o tema e, ao mesmo tempo, muitos estudiosos têm falado sobre o propósito em livros, podcasts, redes sociais, palestras etc. Alguns conceitos são parecidos, mas há uma falta de consenso na definição do que é propósito e, após minhas pesquisas e estudos entendendo o que há de convergente e divergente nos pensamentos, eu vim aqui propor um entendimento definitivo desse conceito.

Antes de trazer a definição de propósito de minha autoria, vamos fazer uma reflexão rápida sobre a vida. Nós temos um tempo limitado para viver nesta jornada. A única certeza que temos nesta vida é que um dia vamos morrer, não é? Ao mesmo tempo, não viemos aqui para ser mais um. Viemos para cumprir um objetivo. O propósito é nossa missão nesta encarnação na Terra. E nosso propósito individual está a serviço de um propósito maior, que é a evolução da humanidade. Está em contribuir para algo maior que nós mesmos.

Ter plena consciência do propósito é saber exatamente seu lugar no mundo, neste plano divino. Mas você deve estar se perguntando: como vou descobrir meu propósito? Muitas pessoas veem isso como uma tarefa distante, muito teórica e difícil, mas não é. Até porque ele já está aí dentro de você, já está definido, porém há algo acobertando-o, podendo ser justamente seu trabalho, sua rotina, suas relações, e você só precisa tirar essas cobertas. Encontrar o propósito é um processo de descoberta, e não de invenção.

Existem algumas ferramentas para isso, entre elas o *ikigai*, definido por uma palavra japonesa que significa "um motivo para se levantar de manhã". A palavra consiste, literalmente, dos termos "*iki*" (viver) e "*gai*" (razão), ou seja, a razão de viver, algo que mantém o entusiasmo e a alegria pela vida. No livro *Ikigai*, Ken Mogi[16] traz alguns exemplos de pessoas que encontraram seus propósitos no trabalho. Segundo ele, para ter *ikigai* é preciso ir além dos estereótipos e ouvir sua voz interior.

Essa ferramenta de autoconhecimento aborda diversas áreas e intersecções da vida pessoal e profissional. Ele mostra que seu propósito é a junção daquilo que você ama fazer com aquilo que você faz bem, aquilo de que o mundo precisa e aquilo pelo qual você é pago para fazer.

O *ikigai* é uma boa base da qual partir, mas eu prefiro resumir propósito em três pilares:

- **Encantar** – é aquilo que você faz muito bem, que você encanta as pessoas ao fazer;
- **Amar** – é aquilo que você ama fazer, sente prazer em executar e, por isso, curte a jornada;
- **Servir** – é aquilo de que o mundo precisa para melhorar e que, naturalmente, lhe trará alguma remuneração.

---

16 MOGI, K. **Ikigai**: os cinco passos para encontrar seu propósito de vida e ser mais feliz. Bauru, SP: Astral Cultural, 2018.

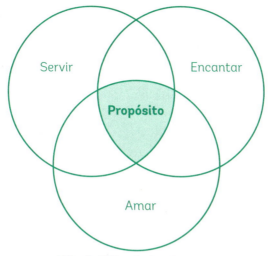

Método SEA, criado pelo autor.

O propósito está na intersecção entre Servir, Encantar e Amar. As iniciais dessas três palavras formam o nome desse meu método: SEA. Quando você reúne essas três vertentes, encontrou seu propósito de vida.

Escreva em três listas: (1) o que faço que provoca **encanto** nos outros; (2) o que **amo** fazer; e (3) o que posso fazer para **servir** à humanidade e ao mundo. O que tiver em comum nas três listas é um grande sinal de seu propósito.

ENCANTAR	AMAR	SERVIR

Em uma frase, posso afirmar que **propósito é servir aos outros cumprindo sua missão no mundo, encantando com seu talento e amando o que faz.**

Em outras palavras, propósito é aquilo que fazemos com prazer e excelência, e que as pessoas e o mundo precisam que seja feito.

Para ajudar você a descobrir qual é seu propósito, pense em algo que você faz muito bem e pelo que é reconhecido. Quais talentos você tem e que as pessoas sempre elogiam? Negociar, relacionar-se com pessoas, falar em público, comunicar-se, ensinar, lidar com números, memorizar, tocar um instrumento, cantar, cuidar dos filhos, cuidar de animais etc. Todo mundo faz algo com excelência e acima da média. Veja o Messi nos campos de futebol, a Gisele Bündchen nas passarelas, o Steve Jobs nos palcos apresentando novos produtos e discursando, são pessoas que **encantam** no que fazem. No que você **encanta**?

Dentre esses talentos que você tem, qual ou quais deles você **ama** exercer? Você sente prazer em realizar?

Indo um pouco além no filtro, qual deles **serve** a um propósito maior? As pessoas e o mundo precisam disso?

Reconhecendo o que fazemos bem-feito e adoramos fazer, juntando isso com o efeito que queremos gerar, com a realização, com o que é significativo para nós e para os outros, temos nosso propósito.

O propósito é como viver um sonho, é aquilo que faz você deitar a cabeça no travesseiro e dormir pensando em acordar para executá-lo. É o que vai tirar você da cama com energia e vontade todos os dias. Vai ser sua maior motivação. Ele pode trazer também um senso de indignação que vai impulsioná-lo a trabalhar em prol disso. Algo que mexe com você e o empurra em direção ao objetivo de mudar no mundo aquela situação que o incomoda, independentemente de quanto receberá por isso. Você estaria até disposto a trabalhar de graça, de forma voluntária. É algo que vai lhe trazer a maravilhosa sensação de estar fazendo diferença no mundo, de saber exatamente os motivos por que está nesse trabalho (e dinheiro não é o primeiro deles). Essa sensação se chama realização, que é muito mais duradoura que a felicidade.

PROPÓSITO É SERVIR AOS OUTROS CUMPRINDO SUA MISSÃO NO MUNDO, ENCANTANDO COM SEU TALENTO E AMANDO O QUE VOCÊ FAZ.

@andersonvidaveg

O método SEA veio para ajudar as pessoas a encontrar seu propósito. Guarde bem essa palavra, para se lembrar dos três pilares: Servir, Encantar e Amar. Além disso, SEA significa "mar" em inglês. O mar faz referência à água, que é vital para a vida, assim como nosso propósito. Observe que 70% do planeta é composto de água, assim como o corpo humano. Uma pessoa dorme em média 30% de sua vida, os outros 70% do tempo em que está acordada pode ser ocupado pelo propósito, aquilo que vai trazer a sensação de realização, de VIVER por uma missão. Portanto, 70% de nossa vida é propósito (SEA), assim como 70% do planeta é mar (sea) e água, vitais para a vida.

Para quem ainda não pode se dedicar integralmente ao propósito, investir algumas horas por semana em trabalhos voluntários pode trazer muita satisfação e, ao mesmo tempo, fazê-lo odiar ainda mais o outro trabalho remunerado por não estar fazendo algo pelo bem da sociedade nesse tempo, não é mesmo? De acordo com Simon, referência quando se fala em propósito,

> para um indivíduo, encontrar o seu PORQUÊ talvez o leve a se dar conta de que existe alguma outra coisa que poderia estar fazendo ou algum outro lugar onde poderia estar que provavelmente o deixaria mais realizado.[17]

Trabalhar com propósito permite entrar no fluxo. De acordo com Csikszentmihalyi,[18] fluxo é um estado no qual as pessoas estão tão envolvidas em uma atividade que mais nada parece importar. É assim que se pode encontrar prazer no trabalho. O trabalho se torna um fim por si só em vez de uma coisa a ser suportada como meio de alcançar outro objetivo. Quando em fluxo, você não trabalha mais para ganhar dinheiro para o sustento.

---

17 SINEK, S.; MEAD, D.; DOCKER, P. **Encontre seu porquê**: um guia prático para descobrir o seu propósito e o de sua equipe. Tradução de Marcelo Schild. Rio de Janeiro: Sextante, 2018.

18 *Apud MOGI, op. cit.*

Pelo menos, essa não é sua primeira prioridade. Você trabalha porque fazer isso dá um prazer imenso. O salário é um bônus.

Imagina todo mundo trabalhando assim, por isso digo que, quanto mais pessoas encontrarem seu propósito, mais pessoas serão felizes e realizadas. Conforme Simon Sinek,

> a realização profissional é um direito, e não um privilégio. Todas as pessoas merecem acordar de manhã animadas para ir ao trabalho. Para nos sentirmos assim, precisamos primeiro entender exatamente o PORQUÊ do que fazemos.[19]

Ainda sobre *ikigai*, Ken Mogi menciona:

> Ao considerar que atividades de *ikigai* produzem algo de valor, parece que a apreciação desse produto final está na satisfação de ter feito uma coisa – por exemplo, comer os legumes e as verduras plantados em sua própria casa. A satisfação vem de criar uma coisa do começo ao fim, em que as pessoas têm satisfação tanto no processo quanto no resultado que obtêm.[20]

Portanto, a sensação de satisfação não vem apenas na hora de receber o salário, mas em cada instante em que você está trabalhando. Obviamente você terá momentos não tão prazerosos e de tarefas chatas, mesmo trabalhando com propósito, mas que serão necessários no processo e que você executará com a satisfação de saber que faz parte do caminho até que o objetivo seja cumprido. Até esses momentos podem se tornar agradáveis quando você está totalmente conectado ao propósito.

---

19 SINEK; MEAD; DOCKER, *op. cit.*

20 MOGI, *op. cit.*

QUANTO MAIS PESSOAS ENCONTRAREM SEU PROPÓSITO, MAIS PESSOAS SERÃO FELIZES E REALIZADAS.

@andersonvidaveg

Só existem três coisas que as pessoas podem fazer neste planeta:

1. Deixar o mundo melhor do que está;
2. Deixar o mundo igual;
3. Tornar o mundo pior.

As duas últimas são atitudes egoístas quando se sabe o que se pode fazer para melhorar. E não queremos terminar a vida olhando para trás e nos sentindo pessoas egoístas, não é mesmo?

Atualmente, você é parte do caos e da confusão do mundo ou sua vida é parte da resposta aos problemas mundiais? Nosso mundo está doente e precisa se curar. No final das contas é sobre cura. Não é possível ficar em cima do muro em um momento como este. Ou você trabalha pela luz ou não.

Você precisa ter em mente que nosso propósito deve estar conectado com a evolução da humanidade, então, pergunte-se: este trabalho vai contribuir para isso e será valorizado pela socie-dade? O mundo precisa disso? Em casos de trabalhos remunera-dos e empreendedorismo, vou ser bem pago para fazer isso? Se as respostas forem "sim", você está bem próximo de descobrir seu propósito ou já o encontrou. Em um mundo capitalista, se você tiver uma empresa e realmente estiver entregando algo de que o mundo precisa, você será, naturalmente, remunerado por isso. Se você, como empreendedor, não conseguir ser bem pago fazendo o que quer, isso é um claro sinal de que o mundo não precisa disso ou que você não está sabendo comunicar seu propósito e benefício para a sociedade. Esse é um ponto de muita atenção e trabalho.

Mas nem sempre o propósito está ligado ao empreendedoris-mo e a grandes impactos. Trabalhar em uma ONG pequena ou re-gional de forma voluntária, quando já se tem uma base financeira, pode ser o propósito de muitas pessoas se elas fazem aquilo bem, amam o que fazem e servem ao mundo. Criar os filhos bem tam-bém pode ser seu propósito, assim como vejo que era o propósito da minha mãe. Apesar de não ser remunerada diretamente, ela fez isso de forma impecável com meu pai, sinto que com prazer, e serviu ao mundo à medida que proporcionou a mim e à minha irmã uma base sólida para estudarmos e termos valores altruístas, tendo a oportunidade de cumprir nossos propósitos atualmente. Eu no empreendedorismo e ela em sua profissão. Portanto, considere que o propósito pode ser, mas não necessariamente é, amplo e universal. Você também pode encontrar propósito em causas próximas.

Seu propósito é o serviço que você veio prestar à humanidade. Se você acredita em Deus, assim como eu, sabe que Ele tem um plano e um desafio para você. A verdadeira felicidade é você se colocar a serviço de Deus e do todo. Na minha visão, o propósito não é a gente que escolhe, é Deus. Por isso, eu disse que seu propósito já está definido, só falta você descobri-lo. Não é invenção, é descoberta!

O grande segredo é encontrar o porquê de estarmos aqui. Saber o porquê daquilo que está fazendo, não apenas "o quê", sem se questionar. Isso ajuda qualquer pessoa a persistir, a se comprometer. No exemplo pessoal que contei nas páginas anteriores, eu sabia que estava naquela situação – descascando coco na mão de madrugada, limpando fôrmas de queijos na fábrica velha, viajando muitos quilômetros para vender iogurtes veganos sem nem ter o produto desenvolvido ainda – porque estava salvando animais. Não estava fazendo aquilo apenas por fazer ou para ganhar dinheiro.

Eu tinha a missão de mostrar esse porquê para todos os colaboradores da empresa. O auxiliar de limpeza não estava limpando o banheiro da fábrica porque precisava estar limpo, mas, sim, porque os colaboradores que usariam aquele espaço precisavam de boas condições de trabalho para produzir produtos veganos bons, saudáveis e gostosos para as pessoas trocarem produtos de origem animal por vegetal, porque estávamos salvando os animais, o planeta e levando saúde para as pessoas.

Quando você entende o porquê de seu trabalho e de sua vida, tudo flui melhor. A conexão do ser e do fazer é trabalhar com propósito. Quando você se harmoniza com ele, naturalmente suas necessidades materiais são atendidas. E seu fazer deixa de ser uma questão de ego para estar a serviço de um bem maior.

Quando se tem clareza do próprio propósito, ninguém pode deter você. Você passa a ser inteiro naquilo que faz, a ter foco e direcionar energia para apenas uma direção. Descobrir seu propósito lhe dá filtro para tomar decisões melhores e focar no que realmente importa, sem perder tempo e energia com coisas que não agregam nada para você, nem fazem parte de sua missão nesta vida. Suas chances de ser bem-sucedido aumentam consideravelmente. Você percebe que seus dons e suas habilidades foram feitos para aquilo e se torna muito mais eficiente naquela função.

Outra pergunta que também vai ajudar você a descobrir seu propósito é: o que o motiva? O que faria você acordar cedo e ir trabalhar satisfeito todos os dias, sabendo que está cumprindo seu objetivo nesta vida?

Cada um tem sua motivação e isso é particular, nenhuma é melhor ou pior. Motivação nada mais é que o motivo que faz você agir, acordar cedo, ir trabalhar, ter disciplina, deixar de passar um dia prazeroso com a família ou os amigos na praia para ir à empresa e, às vezes, fazer coisas de que você não gosta, mas que são necessárias para ter um prazer maior no futuro, com essas pessoas que você ama e/ou por um bem maior.

Portanto, a motivação está intimamente relacionada com seu objetivo de vida e suas metas. Minha motivação para trabalhar duro todos esses anos e vencer todos os desafios era salvar a vida dos animais, o impacto positivo que causaria no meio ambiente e na vida das pessoas. Quando larguei meu antigo e bem-remunerado emprego (que não me satisfazia apenas pelo salário e benefícios) para fundar a Vida Veg, minha motivação era, e continua sendo, contribuir para um mundo melhor.

Você está motivado em seu trabalho ou trabalha apenas pelo salário que recebe no fim do mês? Trabalhar com propósito é o segredo para a motivação. Não quer dizer que você vá trabalhar apenas com o que gosta, mas que você sabe o porquê de estar ali e que aquilo é necessário para um bem maior. Até quando você vai passar a vida fazendo o que não o conecta com a alma? Estamos todos em uma fila, com a única certeza de que vamos morrer. Você quer passar esta vida em branco ou deixar um bom legado?

Uma frase que tenho comigo é: alguns trabalham oito horas por dia por um salário, outros trabalham 24 horas por um sonho. Quando você faz o que ama e que o conecta com sua alma e seu propósito, não enxerga mais aquilo como um trabalho ou uma obrigação, mas uma missão que está cumprindo nesta vida para deixar seu legado. Como você passa boa parte da vida trabalhando, nada melhor que usar esse tempo para cumprir seu propósito e ser feliz.

Quando eu tiver 80 ou 100 anos, os bens materiais que terei não serão importantes, mas, sim, o que eu fiz para tornar o mundo melhor. Você sabe o que quer deixar de legado?

É importante lembrar também que nosso legado não deve estar ligado ao ego, à vontade de querer ser melhor que o outro. Pensando na linha do tempo da humanidade, pouquíssimas pessoas são lembradas em longo prazo. Todos os recordes existentes são quebrados um dia. Os troféus serão descartados por alguém no futuro.

Faça as coisas sem esperar nada em troca, nem reconhecimento, pois muitas vezes ele não vem. Não faz sentido esperar o que depende dos outros. Tente se preocupar cada vez menos com o que não pode controlar. Você não controla a opinião dos outros, o que sentem por você, a consideração ou o interesse que os outros têm por você. Mas controla sua atenção, seu tempo, onde investe seu melhor. Faça por você, pela sua espiritualidade e para o bem de todos. Quando se abstém da necessidade de agradar e vive o que você é em sua essência, se entrega ao seu propósito de vida, à sua missão aqui na Terra, tudo se encaixa e flui com perfeição nos planos de Deus.

Quando você descobre seu propósito e passa a agir nele de verdade, torna-se um instrumento divino para que aquilo seja realizado e uma testemunha da divindade agindo através de você. E inevitavelmente vai se transformar em uma inspiração para os outros, que perceberão o brilho em seu olhar ao executar seu trabalho, sua luz iluminando o caminho das pessoas ao redor.

Nos anos mais recentes da minha vida, muitas pessoas têm me abordado para dizer que sou uma inspiração para elas. Isso é algo grandioso e me traz muita alegria e gratidão. Contudo, nunca foi um de meus objetivos principais. Tudo o que tenho vivido aconteceu naturalmente.

Outra frase já conhecida e que sempre carrego comigo é: "Só vive o propósito quem suporta o processo". Você vai encontrar muitas dificuldades na carreira, principalmente se for empreender. A profissão de empreendedor é árdua. É preciso passar por muitas barreiras e dificuldades todos os dias e ser resiliente; enfrentar tudo com um olhar de desafio e aprendizagem, manter o foco e a persistência. Você pode ter contas e impostos para pagar sem ter dinheiro em caixa, pessoas desalinhadas com seus valores tentando atrapalhar, dificuldades inesperadas na operação prejudicando as vendas, entre outros milhares de problemas. Ser empreendedor é apanhar todos os dias, mantendo-se de pé.

Sempre que surgem barreiras, penso que meu propósito é maior que todos os meus medos e problemas. Então me torno mais forte e dou meu melhor. É normal muitas vezes termos medo de enfrentar determinadas situações, mas quem tem consciência de que elas fazem parte do propósito enfrenta dificuldades e vence.

Certa vez, pedi uma dica à minha amiga e sócia da Mr. Veggy, Mariana Falcão, sobre como empreender da melhor forma, e ela me disse: "Busque algo que faça sentido para você e para as pessoas, algo de que você sinta orgulho. O dinheiro é importante, mas o que vai fazer você segurar a onda quando o negócio passar por dificuldades é saber que aquilo faz diferença para o mundo".

Napoleon Hill, autor best-seller e um dos melhores escritores que conheço, enfatiza que é preciso ter em mente que "cada adversidade traz consigo a semente de uma vantagem equivalente".[21] Quanto maior a dificuldade, maior seu aprendizado e seu crescimento nessa situação. Somos eternos alunos na sala de aula da vida.

Em acontecimentos ruins, temos duas opções:

1. Reclamar, ficar na negatividade, perder a oportunidade de aproveitar essa aula e repetir o ano; ou
2. Entender o que eles estão nos ensinando, aproveitar a oportunidade de aprendizado e evoluir.

---

21 HILL, N. **Quem pensa enriquece**. Porto Alegre: Citadel, 2018.

A CONEXÃO DO SER E DO FAZER É TRABALHAR COM PROPÓSITO.

@andersonvidaveg

Deus nos colocou nesta escola da vida para aprender, e devemos ter a humildade de nos reconhecer como eternos alunos. Ao olharmos a vida dessa maneira, tudo fica mais leve. Simplifique! Somos eternos aprendizes na escola da vida, e o tempo dessa "faculdade" dura pouco. Devemos aproveitar o tempo e saber que o futuro depende dessa evolução. Coisas ruins fazem parte da trajetória, o segredo é saber como lidar com elas. Perdoe-se pelo que já passou e agradeça a oportunidade de aprendizado. Quando o momento ruim passar, você vai estar mais experiente e mais forte.

Fernando Galdino, meu amigo e fundador do aplicativo Gaya, disse: "A persistência e a capacidade de aceitar a transformação, estar de cabeça aberta para aprender e compreender foram atributos que contribuíram para minha evolução pessoal, refletindo assim em uma estruturação melhor de meus projetos e objetivos, permitindo que eu pudesse ir concretizando e materializando projetos de forma gradual". Como vou abordar mais adiante, persistência e resiliência são comportamentos essenciais para empreendedores de sucesso. E o que ele menciona sobre se permitir de forma gradual também faz parte da aproximação do propósito. Nem todo mundo consegue descobrir o propósito rapidamente, vai se aproximando dele aos poucos.

É importante considerar que a conexão com o propósito não é uma escolha binária entre estar conectado ou totalmente desconectado. Pode variar em intensidade ao longo do tempo. Perguntas como "Quanto me sinto conectado com meu propósito hoje?" ou "Estou mais próximo do meu propósito hoje do que estava há cinco anos?" podem ajudar a reconhecer as nuances dessa conexão. Trata-se de um processo de descoberta e uma jornada gratificante que pode ser de curto, médio ou de longo prazo, e que pode começar a qualquer momento. O mais importante agora é começar e saber usar as ferramentas de descobertas que estou entregando. A partir de agora, sua "antena" de captação dos sinais de seu propósito com certeza estará melhor posicionada e você vai captar esses sinais.

Meu próprio caso não foi de descoberta repentina. Eu tinha amor pelos animais desde criança. Entrei em uma ONG de proteção animal na época da faculdade. Conectei-me com o veganismo e utilizei minha pesquisa e tudo o que tinha estudado no mestrado para ampliar minha visão e descobrir uma oportunidade de mercado e de impacto. Depois, descobri meu potencial empreendedor por meio de minha formação, de meus comportamentos e da sensação de prazer em fazer aquilo. Depois de tudo isso, o propósito se tornou claro. Em um discurso para graduandos da Universidade de Stanford, Steve Jobs disse: "Você não pode conectar os pontos olhando para a frente; só é possível conectá-los olhando para trás. Portanto, confie que os pontos se conectarão de alguma forma em seu futuro". Ele ainda complementou: "Não deixe o barulho das opiniões alheias abafarem sua própria voz interior. Tenha coragem de seguir seu coração e sua intuição".[22]

E à medida que fui avançando com a Vida Veg, fui me envolvendo cada vez mais com o propósito e sendo impulsionado pelos próprios resultados da empresa e pelas pessoas que estavam ao meu redor. A relação entre propósito e resultados é bidirecional. Assim como o propósito impulsiona os resultados, os resultados também podem fortalecer o propósito. Alcançar progresso em uma iniciativa pode reforçar nossa motivação e nosso comprometimento com o propósito.

Suas únicas limitações são as impostas por você mesmo ou as que você permite que o outro estabeleça na própria mente. Como disse o engenheiro e empresário estadunidense Henry Ford: "Se você acha que é capaz ou acha que não é capaz, você está certo".[23] Nunca se esqueça de seu valor. Se você está focado em seu propósito, ninguém pode parar você!

Eu aprendi que a vontade é o maior poder da alma. Tudo que eu quis realizar na vida até hoje eu consegui porque tive vontade,

---

22 STEVE Jobs' 2005 Stanford Commencement Address. 2008. Vídeo (15min04seg). Publicado pelo canal Stanford. Disponível em: https://www.youtube.com/watch?v=UF8uR6Z6KLc&ab_channel=Stanford. Acesso em: 26 dez. 2023.

23 DOYLE, C. (Compil.). **The Dictionary of Modern Proverbs**. New Haven, Connecticut: Yale University, 2012.

foco e dedicação. Quando você mentaliza algo, crê plenamente naquilo, traça planos e foca energia, percebe que isso tem um poder enorme de realização. Claro que conhecimentos e habilidades são muito importantes para o empreendedor realizar seus projetos, mas nada é mais valioso do que a vontade que o move em direção aos seus objetivos e o torna capaz de vencer os obstáculos que aparecem na vida.

Abandonar um emprego, arriscar, começar do zero com poucos recursos e apoiadores, conquistar os primeiros clientes, vencer barreiras de suprimentos, produção e logística, pagar salários em dia mesmo sem saldo bancário, ouvir críticas e aprender a evoluir com elas sem deixar o ego se sobressair, sacrificar fins de semana de descanso para trabalhar... tudo isso é passível de ser vencido quando há vontade, intencionalidade e propósito por trás.

O que você visualiza, você atrai. A vontade é o maior poder da alma! Se você tem vontade, isso já é um grande passo em direção às conquistas e vitórias. Acredite em Deus e em você, vá e faça seu melhor!

Caminhando para o fim deste capítulo, espero que ele tenha ajudado você a encontrar seu propósito. Após encontrá-lo, é extremamente importante que sua vida seja coerente com ele. Como eu descobri que meu propósito é salvar animais, parei de consumi-los e virei vegano. As pessoas perceberam isso em mim, e também passei a comunicar isso pelo meu estilo de vida. O que você faz demonstra seu porquê. Como menciona Simon Sinek,

> nossas ações reforçam ou prejudicam a confiança e a lealdade que as pessoas sentem em relação a nós. Quando o que dizemos e o que fazemos estão alinhados com aquilo em que acreditamos, estamos vivendo plenamente o nosso porquê.[24]

Assim, você precisa assumir uma posição.

---

24 SINEK; MEAD; DOCKER, *op. cit.*

Imagine se eu – um vegano com estilo de vida saudável, que posta sobre isso nas redes sociais – fosse visto carregando garrafas de leite de vaca e pacotes de bolacha recheada no carrinho de compras do supermercado. As pessoas que me conhecem não acreditariam em mim, eu perderia a credibilidade. E as que não me conhecem não identificariam meu propósito, pois ele não estaria consistente com a minha atitude. É necessário ter coerência e constância. Se eu tiver frutas, vegetais e produtos veganos no carrinho de compras, vai ficar claro o que penso. Até uma pessoa vegana com crenças semelhantes poderia me abordar e iniciaríamos ali uma amizade ou parceria, porque nossos valores são compatíveis. E isso já aconteceu comigo algumas vezes.

Todos os que me conhecem sabem do meu propósito, até porque fundei a Vida Veg com base nele.

> Comunicar nosso *porquê* é uma parte essencial de identificar pessoas no mundo que acreditam no que acreditamos, que serão nossos amigos de confiança, clientes leais, funcionários dedicados e parceiros inspirados a dar vida ao nosso *porquê*.[25]

Busque estar junto de pessoas com o mesmo propósito que o seu, pois isso ajuda muito. Participo todos os anos do VegFest, o maior evento vegano da América Latina, onde se reúnem mais de mil pessoas engajadas com o veganismo e que têm o mesmo propósito: salvar animais. Ali há muitas trocas de informações, oportunidades de conhecer novas pessoas e empresas do ramo e, principalmente, de se energizar e fortalecer para o dia a dia, em que enfrentamos muitas opiniões contrárias e dificuldades. Estar periodicamente com pessoas que têm os mesmos valores é importante nessa jornada. E o legal é que encontramos pessoas que trabalham de modo diferente, mas com o mesmo propósito.

---

25 SINEK; MEAD; DOCKER, *op. cit.*

A VONTADE É O MAIOR PODER DA ALMA!

@andersonvidaveg

Eu salvo animais por meio do empreendedorismo. Os nutricionistas passam dietas veganas para as pessoas e fazem o acompanhamento da saúde nutricional de seus pacientes. Médicos receitam suplementação vegana, quando necessário, para manter elevado o nível da saúde das pessoas que atendem, sem precisar explorar animais. Algumas pessoas trabalham em ONGs que fazem conscientização sobre a importância do veganismo para a preservação animal e a manutenção do meio ambiente. Há pessoas que apresentam métodos alternativos de testes de cosméticos sem precisar usar animais como cobaias. Há também os advogados e políticos que legislam em defesa dos animais. Percebam que há várias formas de trabalho com o mesmo propósito.

Neste livro, nosso foco é empreender com propósito. Agora que você encontrou seu propósito, a ideia é que ele também seja o propósito de sua empresa, aumentando seu impacto no mundo. Para isso, a seguir, vamos entender um pouco mais sobre o propósito de marcas.

CAPÍTULO 4

PROPÓSITO
de marca

O propósito de marca é a razão de determinada marca existir. E uma empresa sempre é fundada por uma pessoa: o fundador. Ele teve uma razão para iniciar esse negócio, então o propósito da empresa quase sempre se funde com o propósito do fundador.

O GOLDEN CIRCLE

Com o conceito de *Golden Circle* – ou "círculo dourado", em português –, criado pelo escritor e palestrante Simon Sinek, conseguimos entender como o propósito da marca se encaixa nos objetivos e na essência de uma empresa. Observe a figura a seguir:

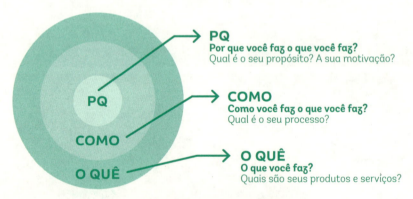

O *Golden Circle* de Simon Sinek.

O *PORQUÊ* é a razão de existir da empresa, seu propósito, sua causa ou crença. A força motivadora por trás de tudo o que é feito. A essência da intenção da companhia. Poucas pessoas e empresas conseguem entender e descrever com clareza *por que* fazem o que fazem.

COMO são os processos que guiam como dar vida ao *porquê*. São as ações realizadas que vão tornar tangível o propósito. O que leva o negócio da teoria à prática. É o jeito que a empresa faz as coisas, o que inclui seus valores e princípios. Aqui já se pode ter um grau de diferenciação entre uma empresa e outra.

Já *O QUÊ* são os resultados finais dos processos: os produtos e serviços oferecidos. É o resultado tangível da organização. Todo mundo pode saber mais facilmente *o que* sua empresa faz. Outras empresas podem copiar isso, mas dificilmente vão conseguir copiar *o como* e o *porquê*.

Para quem quiser se aprofundar no círculo dourado, recomendo ler o excelente livro *Comece pelo porquê*, de Simon Sinek,[26] e assistir à palestra dele no TEDx.[27] Nele, o autor propõe uma mudança de visão, por meio da qual devemos começar entendendo o *porquê* de a companhia existir e a partir dele traçar *o como* e *o quê* de forma coerente. Para Sinek, as pessoas não compram *o que* você faz, mas sim o *porquê* você faz.

Um exemplo de sucesso na definição e aplicação do *porquê* antes do *como* e do *o quê*, citada por Simon Sinek, é a Apple. Veja como a empresa efetivamente se comunica começando pelo *porquê*:

- **Porquê:** Em tudo o que fazemos, acreditamos em desafiar o *status quo*. Acreditamos em pensar de modo diferente.

---

26 SINEK, S. **Comece pelo porquê**: como grandes líderes inspiram pessoas e equipes a agir. Rio de Janeiro: Sextante, 2018.

27 Simon Sinek: Como grandes líderes inspiram ação. 2010. Vídeo (18min34seg). Publicado pelo canal TED. Disponível em: https://www.youtube.com/watch?v=qpOHIF3SfI4>. Acesso em: 26 dez. 2023.

- **Como:** A maneira como desafiamos o *status quo* é criando produtos lindamente projetados, simples de usar e intuitivos para o usuário.
- **O quê:** O resultado disso são ótimos computadores, celulares etc.

Simon explica no livro que o *porquê* da Apple foi formado em sua fundação, no fim da década de 1970, e não mudou até hoje. Quaisquer que sejam os produtos que ela fabrica ou as atividades para as quais migrou, seu *porquê* permanece o mesmo. E a intenção da Apple de desafiar o modo de pensar vigente se provou profética. Como fabricante de computadores, a companhia redirecionou o curso da indústria da computação pessoal. Como fabricante de dispositivos eletrônicos pequenos, desafiou o tradicional domínio de companhias como a Sony e a Philips. Como fornecedora de telefones móveis, obrigou as companhias mais experientes – Motorola, Ericsson e Nokia – a reexaminar os próprios negócios. A capacidade da Apple de entrar – e dominar – em tantas atividades diferentes, desafiou até a ideia de o que significa ser uma fabricante de computadores, para começo de conversa. Independentemente de *o que* ela faz, sabemos *por que* a Apple existe. E não se pode dizer o mesmo das concorrentes.

Assim, uma legião de fãs e pessoas que se identificam com o propósito de "pensar diferente e desafiar o *status quo*" são fiéis à Apple e compram seus produtos mesmo que sejam mais caros que os dos concorrentes, porque se identificam com seu propósito. Elas até fazem filas no lançamento dos produtos da marca, pagam mais caro por eles, mesmo podendo comprar uma semana depois sem enfrentar filas e ainda pagar mais barato. E fazem isso não por causa da empresa, mas por elas mesmas.

Como Simon diz, "uma simples alegação de que um computador é melhor, mesmo com uma evidência racional para sustentá-la, pode criar o desejo e até motivar uma decisão de compra, mas não cria fidelidade". Você até pode vender algum produto por suas características, por algum benefício pontual, mas isso não gera lealdade à marca. Se outra empresa oferecer o mesmo produto com preço inferior, você perderá o cliente. Já se um consumidor se sentir inspirado a comprar um produto pelo propósito, e não manipulado por campanhas pontuais de marketing, ele será leal à marca. Boa qualidade e recursos importam, mas não são o bastante para produzir a obstinada fidelidade que todas as companhias e os líderes inspiradores são capazes de mobilizar. É a causa representada pela companhia, pela marca, pelo produto ou pela pessoa que inspira fidelidade.

Pense: se seu concorrente lançar um produto similar mais barato, o consumidor vai comprar o dele ou o seu? Se comprar o dele, é um sinal de que você não está comunicando seu propósito como deveria. Se estivesse, o cliente estaria envolvido com isso e se manteria fiel à sua marca. Nesse caso, ele está comprando o *que* sua empresa faz, não o *porquê*. *O quê* sempre é manipulativo com estratégias de marketing, como redução de preço, promoções, pressão de grupo, medo etc., que são eficazes, mas apenas em curto prazo. Para ter fidelidade em longo prazo, é necessário conectar o cliente com o *porquê* de sua empresa. Assim ele não mudará de marca só porque o produto do concorrente é mais barato, por exemplo.

Como cita Simon Sinek,[28] para que uma mensagem tenha um impacto real, afete o comportamento e plante fidelidade, é necessário mais que publicidade. É preciso propagar algum propósito, alguma causa ou crença mais elevada, com a qual os que abraçam valores semelhantes possam se relacionar. Só então a mensagem será capaz de criar um sucesso duradouro no mercado de consumo.

Ainda segundo o autor, o círculo dourado fornece uma evidência convincente de quanto podemos alcançar se nos lembrarmos de começar tudo o que fazemos perguntando primeiro o *porquê*. Ele é uma visão alternativa para suposições existentes acerca do

---

28 SINEK, *op. cit.*

motivo de alguns líderes e algumas organizações terem atingido um grau tão desproporcional de influência. Ele oferece uma percepção clara de como a Apple é capaz de inovar em muitos e diversos campos de atividade, sem jamais perder a capacidade de continuar fazendo isso. Explica também por que pessoas tatuam logos da Harley-Davidson no corpo e esperam meses para receber seus pedidos só para terem uma moto e pertencerem aos grupos da marca.[29]

Simon Sinek foi muito feliz em trazer esse conceito de propósito de marca e mostrar que essas marcas que começam pelo *porquê* têm consumidores e funcionários mais leais, costumam ser mais lucrativas que os concorrentes, são mais inovadoras e, o mais importante, capazes de sustentar tudo em longo prazo. Muitas delas transformam seus setores. Algumas até mudam o mundo.

No capítulo 5 do livro *Encontre seu porquê*, os autores Sinek, Mead e Docker dão instruções para uma dinâmica em grupo na qual é possível encontrar o propósito de uma empresa. Mas você pode partir de duas perguntas que vão ajudar a descobrir o porquê da organização:

1. Por que você se sente orgulhoso de trabalhar na organização?

2. Qual é a contribuição dela para o mundo?

Como empreendedores, temos algumas vantagens em ter o propósito da empresa claro:

- Descobrir o *como* se torna algo consideravelmente mais agradável;
- Lançar produtos ou serviços que vão dar vida à crença da organização;

---

29 *Idem.*

O PROPÓSITO DEVE SEMPRE VIR EM PRIMEIRO LUGAR, E O RESTANTE A PARTIR DELE.

@andersonvidaveg

- Atrair consumidores e funcionários que acreditam na mesma coisa que nós;
- Fidelizar consumidores e funcionários;
- Ter funcionários apaixonados pela empresa, engajados e motivados;
- Aumentar consideravelmente a disposição de toda a equipe para suportar processos difíceis;
- Ter uma cultura organizacional forte;
- Ter clareza de como e quem contratar.

Eu criei a Vida Veg com o propósito de "salvar animais" e, depois, acrescentamos "contribuir para um mundo melhor" em nossa comunicação, com o intuito de agregar mais propósitos individuais de outros sócios e colaboradores. Alguns, com base em seu histórico de vida e suas crenças, estão mais focados em levar saúde para as pessoas, outros, em proporcionar alimentos mais sustentáveis para o planeta. Portanto, a frase "contribuir para um mundo melhor" abrangeu todos os propósitos individuais mais relevantes da organização e que têm convergência. Com isso, mais pessoas se sentem pertencentes ao propósito da marca. Nossa missão é: *Contribuir para um mundo melhor, facilitando o acesso a alimentos de base vegetal, gostosos e saudáveis.* A partir do "facilitando" explicamos nosso *como*.

Para facilitar o acesso a esses alimentos, precisamos disponibilizá-los no maior número de pontos de venda possível (atualmente, temos seis mil pontos de venda em todos os estados do Brasil), a um preço acessível. Note que produzimos não apenas alimentos veganos, mas também gostosos e saudáveis, o que exige inovações constantes nos produtos e na fábrica, com processos adequados para produzir alimentos saborosos e com qualidade, pois é isso o que as pesquisas com consumidores indicam que eles querem, sabor e saúde, além de um mundo melhor. Já *o que* fazemos são nossos produtos: iogurtes, queijos, requeijões, manteigas etc.

Não somos uma fábrica de produtos alimentícios, e sim uma companhia de uma causa. Contribuir para um mundo melhor, sem explorar animais, com uma produção mais sustentável e mais saudável é nosso propósito. E é isso o que nos conecta com as pessoas e o que devemos comunicar. *Como fazemos* e *o que fazemos* também são importantes, mas o propósito deve sempre vir em primeiro lugar, e o restante a partir dele.

No *como* também se encaixam os valores, que são os comportamentos que o empreendedor quer que seus colaboradores tenham e que embasam os processos e cada decisão no dia a dia. No exemplo da Vida Veg, nós definimos como valores: responsabilidade socioambiental, inovação, positividade, empatia e saúde. Vamos falar mais sobre isso adiante, no capítulo sobre cultura organizacional.

Outro conceito diferente de propósito e de missão, mas que muitas vezes confunde a cabeça do empresário, é a visão da empresa, que nada mais é que aonde a empresa quer chegar. Deve ser um objetivo com prazo definido, geralmente de três a cinco anos.

Veja o propósito da Tesla e como isso ajuda a definir a razão de ser da empresa de Elon Musk, o homem mais rico do mundo atualmente: *Acelerar o movimento de transição de uma economia baseada em mineração e queima de hidrocarbonetos para uma economia solar e elétrica, a qual acreditamos ser primariamente, apesar de não a única, solução para a sustentabilidade.* Perceba que aqui não se fala de produtos ou serviços, mas, sim, de sua crença, de sua causa.

Veja também o propósito do Google: *Organizar a informação mundial e torná-la universalmente acessível e útil.*

Deixar claro o propósito da marca ajuda a todos os colaboradores a saber por que estão fazendo aquilo, trabalhar com motivação e ter foco nos objetivos. Cada vez mais, os jovens querem trabalhar para empresas que tenham uma razão de existir coerente com seus valores pessoais, e isso tem sido mais valorizado que a remuneração financeira. Além disso, com certeza as pessoas vão se dedicar mais ao trabalho, ter melhor desempenho e melhores resultados.

Olhando para o mercado, cada vez mais os consumidores querem comprar não apenas um produto ou serviço, mas o porquê de a empresa entregar aquilo. As pessoas se engajam mais com as marcas, se orgulham delas e compartilham coisas delas e sobre elas nas redes sociais. Além disso, pesquisas mostram que os consumidores estão dispostos a pagar mais por marcas com propósito e que contribuem para um mundo melhor do que por aquelas que não têm um propósito aparente. Tudo isso também traz retorno financeiro e lucro para sustentar a longevidade das empresas.

Uma pergunta-chave que ajuda a responder se seu trabalho e/ou sua empresa tem um bom propósito é: O mundo está melhor por que sua empresa e/ou seu trabalho faz(em) parte dele? Se a resposta for "não", está na hora de repensar e mudar. Lembre-se de que atualmente negócios de sucesso são negócios com propósito!

EXERCÍCIO

Se você quer empreender, é fundamental que seu propósito de vida já esteja mais claro a essa altura. Responda a essas três perguntas que vão ajudá-lo a ter clareza de seu propósito:

1 Como posso lucrar resolvendo os problemas do mundo, e não os criando?

2 O mundo vai estar melhor porque minha empresa vai fazer parte dele?

3 Qual vai ser o *porquê*, o *como* e o *o quê* de minha empresa?

PROPÓSITO DE MARCA

Agora que vimos qual é a importância de atrelar o propósito à missão, à visão e aos valores de uma marca, vamos entender melhor o que é o empreendedorismo e como criar um negócio que seja um instrumento para potencializar seu propósito e construir um mundo melhor.

CAPÍTULO 5

EMPREENDEDORISMO
E OS DEZ COMPORTAMENTOS
DO EMPREENDEDOR
DE SUCESSO

Agora que você já aprendeu como descobrir seu propósito de vida e fazer dele o *porquê* de sua empresa, a partir deste ponto vou usar minha experiência para ensinar a você como fiz para transformar meu propósito de vida em uma empresa de sucesso. O que você vai ver a partir daqui vai ajudá-lo a entender como o empreendedorismo é a melhor ferramenta para potencializar seu propósito de vida e causar um impacto positivo no mundo. Vou mostrar desde como abrir uma empresa até técnicas e ferramentas para fazê-la crescer aceleradamente e de forma sustentável. Tudo isso de maneira clara, objetiva, didática e prática.

O QUE É EMPREENDER?

Empreender nada mais é que resolver um problema. Quanto maior o problema que você resolve, maior é o potencial de retorno. É diferente de ser empregado, com salário fixo e estabilidade, e o lucro ir para o dono da empresa. Como empreendedor, o risco é maior, mas esse retorno não tem limites e vem para você à medida que você soluciona problemas do mundo. É isso mesmo, você pode se tornar rico muito mais rápido, ao mesmo tempo que contribui para um mundo melhor.

Essas soluções podem melhorar a vida das pessoas e contribuir para a sustentabilidade do planeta, causando impacto social, ambiental e econômico.

Alves considera que a história do empreendedorismo se confunde com a história do ser humano ao argumentar que o comportamento empreendedor sempre existiu na sociedade, motivando criações, construções e a evolução dos indivíduos e da coletividade, muito embora a criação do termo "empreendedorismo" seja muito mais recente, o que é atribuído ao escritor e economista do século XVII, Richard Cantillon, considerado um dos primeiros a fazer distinção entre a figura do capitalista, que entra com o capital, e a do empreendedor, o sujeito que tem como característica assumir riscos em um empreendimento.[30]

Avançando para o século XX, nos idos de 1912, o economista austríaco Joseph Schumpeter descrevia o empreendedor como um indivíduo dotado de faro apurado para identificar oportunidades promovidas por mudanças tecnológicas, o que representa uma oportunidade de inovação, abertura de mercados, agregação de fontes de matérias-primas e para a estruturação de organizações, abrindo a possibilidade de criação de um novo ciclo econômico.[31]

Para Adellar Baggio, o termo "empreendedorismo" pode ser definido como um processo que envolve a criação de algo novo, dinâmico e inovador, e que agrega um valor tanto econômico quanto social, sendo o principal fator de desenvolvimento econômico de um país, pela criação de empregos e pela contribuição para manter a economia aquecida, por isso, as perspectivas de crescimento econômico são muito maiores em países com cultura empreendedora.[32]

---

30 ALVES, A. (org.). **Empreendedorismo e inserção no Mundo do Trabalho**. Recife: Secretaria de Ciência, Tecnologia e Meio Ambiente do Estado de Pernambuco – SECTMA, 2009. Disponível em: https://redeetec.mec.gov.br/images/stories/pdf/eixo_ctrl_proc_indust/tec_autom_ind/empreend/161012_empreend.pdf. Acesso em: 26 dez. 2023.

31 *Ibidem*.

32 BAGGIO, A.; BAGGIO, D. Empreendedorismo: conceitos e definições. **Revista de Empreendedorismo, Inovação e Tecnologia**, São Paulo, v. 1, n. 1, p. 25-38, 2015.

Em seu estudo de 2020 sobre a importância do empreendedorismo para o crescimento econômico e suas barreiras no Brasil, Nina Janssen cita que o processo empreendedor tem a capacidade de gerar grandes benefícios para os países, envolvendo desde a geração de empregos e renda e, inclusive, a oportunidade de elevar o nível de competitividade e inovação. Isso pode se dar de diversas formas, por meio da criação de um produto novo, da melhora de processos que já existem em uma cadeia de produção ou pelo desenvolvimento de uma nova tecnologia capaz de gerar um novo mercado.[33]

Eu considero os empreendedores pessoas que movem e mudam o mundo. Costumo dizer que são os loucos que têm a coragem de abrir mão da estabilidade e, inquietos, se arriscam para resolver algum problema seu e/ou da sociedade. São aqueles rebeldes o suficiente para desafiar o *status quo* e transformar o mundo.

O empreendedor não gosta da famosa "zona de conforto", que eu prefiro chamar de "zona de acomodação", pois de conforto todo mundo gosta e nele quer ficar, diferente de acomodação, que significa se acomodar com determinada situação e não se esforçar para mudá-la. Empreender é não se acomodar, mas, sim, se incomodar, se esforçar para mudar algo para melhor e estar pronto para desafios diariamente.

OS DEZ COMPORTAMENTOS DO EMPREENDEDOR DE SUCESSO

Diante de minha experiência de mais de oito anos de empreendorismo, resumi aqui os dez comportamentos mais importantes que o empreendedor de sucesso deve ter. Com isso, quem deseja empreender pode começar a buscar treinamentos para

---

[33] JANSSEN, N. **A importância do empreendedorismo para o crescimento econômico e suas barreiras no Brasil**. 2020. Trabalho de Conclusão de Curso (Graduação em Ciências Econômicas) – Faculdade de Ciências Econômicas, Universidade Federal do Rio Grande do Sul, Porto Alegre, 2020.

desenvolver essas habilidades e aumentar suas chances de sucesso nos negócios:

1. A **criação de valor** é essencial para qualquer empreendedor de sucesso. O empreendedor é o responsável por criar valor para todos os elementos de seu ecossistema: clientes, investidores, sociedade, colaboradores, fornecedores e todos os *stakeholders* (todas as pessoas que são impactadas pelas ações de um empreendimento). Ele sempre vai ser cobrado por isso e deve estar preparado para as cobranças. Criar valor muitas vezes anda com a inovação, que é elaborar algo novo ou melhorar algo já existente que será valorizado (e pago) pelas pessoas. Vamos falar mais sobre isso adiante.

2. O empreendedor deve ter sempre **proatividade**, antecipando-se às situações. Ele nunca pode esperar que algo aconteça para reagir; deve sempre estar à frente nos pensamentos, nas visões de mercado, agindo com proatividade e sabendo identificar e aproveitar oportunidades.

   Há muitas pessoas com perfil reativo de maior conformidade com as coisas e com certeza você terá colaboradores assim em sua empresa. Mas você, como empreendedor e líder, será a pessoa que vai tomar a frente das ações e resolver os problemas para que o negócio prospere na maior velocidade possível.

3. Para conseguir ter sucesso, o empreendedor deve sempre desenvolver e aprimorar sua **capacidade de planejamento**. O exercício de planejar motiva a pensar nas possibilidades do que pode acontecer, antecipando-se e preparando-se para os desafios e riscos; isso reduz as chances de erro e maximiza os potenciais resultados. Planejar força o empreendedor a pesquisar e, com isso, levantar informações para avaliar o mercado, os concorrentes, produtos substitutos, possíveis

fornecedores, clientes, parceiros etc., calculando os riscos e tornando decisões mais assertivas. Vamos falar mais de planejamento adiante.

4. O planejamento também colabora para desenvolver outra habilidade importante, que é o **pensamento estratégico de longo prazo**. Na grande maioria das vezes, "engolido" pela operação do dia a dia da empresa, o empreendedor acaba focando no processo, nas tarefas do cotidiano, no curto prazo, sempre "apagando incêndios", mas é ele quem deve ter o olhar para a estratégia e direcionar a equipe para os caminhos corretos. Isso também traz o comprometimento com todos os *stakeholders* acima dos acontecimentos pontuais, criando relacionamentos duradouros e valiosos.

   Por exemplo: algumas vezes os clientes da Vida Veg reclamavam de ter recebido os produtos comprados pelo nosso e-commerce avariados (com embalagens estouradas, lacres violados etc.). Eu imediatamente ligava para eles, buscava entender o problema, direcionava o líder interno da área para resolver a questão na raiz (para que não voltasse a acontecer) e enviava (em alguns casos até levei pessoalmente) novos produtos para esses clientes. No curto prazo, tínhamos prejuízos financeiros por causa do envio de novos produtos, apesar de o problema ter sido causado pela transportadora – e que por isso deveria arcar com os custos –, mas essa atitude fez os clientes se manterem fiéis à marca e até recomendarem nossa empresa, postando elogios nas redes sociais. Portanto, foco no longo prazo!

5. Com estratégia e planejamento, também é essencial **medir a eficiência** para buscar excelência operacional dentro da organização e otimizar a estrutura e os processos no modelo de negócio. Uma boa iniciativa é estabelecer os objetivos macros da empresa, que geralmente são estipulados em quatro áreas: econômica/

financeira, clientes e mercado, tecnologia e processos e gestão de pessoas. Cada um deles deve ter pelo menos um indicador com metas para que você consiga medir em períodos menores (geralmente mensais) se está funcionando de forma eficiente. No caso de metas não batidas, é necessária uma análise profunda para encontrar a causa raiz e estabelecer um plano de ação para corrigir o setor. Esse plano de ação deve conter prazos, responsáveis por cada tarefa e investimentos necessários para realizar tais ações. Além de indicadores, os objetivos macros podem ter projetos. A gestão de projetos e indicadores é essencial para uma empresa de sucesso. Vamos falar sobre isso mais detalhadamente adiante no livro.

6. Todo empreendedor deve desenvolver também a capacidade de **liderança**, estabelecendo padrões altos para o negócio e exigindo que eles sejam cumpridos. Liderar também inclui ser referência, dar exemplo, envolver e ter um bom relacionamento com a equipe. O líder deve sempre estar disposto a compartilhar conhecimento e capacitar os indivíduos, fazendo todos crescerem com o negócio.

   Liderar inclui a habilidade de formar uma boa equipe. O empreendedor por si só tem conhecimentos e habilidades limitados e precisa saber escolher bem seus sócios e colaboradores para formar uma equipe multidisciplinar e complementar com diversidade, para atingir objetivos e maximizar resultados.

7. Para mim, a principal característica do empreendedor é a **persistência**. São muitas as barreiras na jornada do empreendedor, e se ele não for persistente, acaba desistindo. São altas as cargas tributárias e a falta de recursos para pagar as contas do negócio, e por isso muitas vezes o empreendedor se endivida, tira dinheiro de onde nem imaginava para pagar os salários em dia.

São concorrentes tirando as vendas, colaboradores que "abandonam o barco" no meio do caminho, sócios que discordam de sua visão. Você precisa começar do zero, estruturar processos, departamentos, pensando sempre na harmonia entre eles. Começar uma marca desconhecida também envolve esforço. Muitas vezes, ser empreendedor é uma carreira solitária, pois você acaba ficando longe da família e dos amigos. São muitos os desafios, e a persistência é o segredo para chegar aos seus objetivos. Quando há um propósito, a persistência se fortalece. Como diz o ditado: "A persistência realiza aquilo que parecia impossível".

8. A **resiliência** também deve ser uma de suas maiores características. Procure sempre manter o foco e a energia elevados apesar dos desafios que precise enfrentar, sabendo que as adversidades nada mais são que oportunidades de aprendizado e crescimento, como foi mencionado no capítulo sobre propósito. O empreendedor passa por dificuldades e desafios enormes em sua jornada, e muitos acabam desistindo, mas saber utilizá-los para seu crescimento e aprendizado é o segredo.

9. **Positividade:** o empreendedor sempre encontrará dificuldades e motivos para deixá-lo desanimado, pensando em desistir. Enxergar as adversidades como oportunidades de desenvolvimento e se manter com energia positiva contagiam toda a equipe, melhorando o clima organizacional e a motivação de todos. Por experiência própria, posso dizer que fazer atividades físicas fora do horário de trabalho melhora, e muito, o humor e mantém a energia do dia a dia lá em cima. Outro fator que ajuda é estar cercado por pessoas com pensamentos positivos e que acreditam no mesmo propósito que o seu.

10. Para encerrar, não podemos deixar de citar a **habilidade de difundir o propósito e quantificar o impacto**. Como

já mencionado anteriormente, não há espaço no mundo atual para negócios que não tenham propósito. O empreendedor precisa saber difundir o porquê daquela organização, para que todos se engajem, e mostrar em números o impacto social, econômico e ambiental que ela causa.

Dica: *Um dos treinamentos que fiz para desenvolver os comportamentos do empreendedor foi o Empretec, do Sebrae. Não são os mesmos comportamentos que eu coloco aqui, mas é um treinamento prático de uma semana intensa que vale muito a pena!*

SETE PASSOS PARA ABRIR UM NEGÓCIO E PROSPERAR

Com seu propósito de vida claro e a decisão de empreender para potencializar seu impacto, siga este passo a passo para dar início ao seu negócio:

1. TENHA CLARO O PROPÓSITO DO NEGÓCIO

No capítulo anterior, vimos que não basta saber qual produto ou serviço você quer vender, mas também o porquê de as pessoas quererem comprar seu produto ou serviço. Cada vez mais, os consumidores compram propósito e menos objetos ou serviços. Ter isso claro vai ajudar você a engajar sua equipe e criar demanda duradoura entre os consumidores e clientes.

2. QUESTIONE-SE: ESTOU RESOLVENDO UM PROBLEMA?

O negócio que eu quero abrir resolve um problema ou traz para o mercado uma nova solução que ninguém mais entrega tão bem ou barato quanto eu vou entregar? Se sim, continue! Se já tem quem faça isso, volte, pois não há mais espaço para negócios sem inovação no mundo.

Lembre-se: quanto maior o problema que você resolve, maior o potencial de retorno.

3. FAÇA PESQUISAS E CRIE O PLANO DE NEGÓCIOS

Estude e entenda quem serão seus concorrentes, clientes, fornecedores e colaboradores e defina qual será seu diferencial. Vale analisar o tamanho do mercado, o potencial de faturamento e lucro e as barreiras de entrada. Pense sobre quanto tempo você precisará para começar e qual é a necessidade de investimento inicial. Monte um plano de negócios (existem vários modelos gratuitos na internet, entre eles o do Sebrae, o qual eu recomendo) e use a ferramenta de modelo de negócios Canvas antes de iniciar. Esses instrumentos o forçarão a pensar em muitos pontos importantes da empresa antes de abri-la e podem ajudá-lo a se preparar para iniciar.

4. PENSE EM UM NOME PARA A EMPRESA E REGISTRE SUA MARCA

Esse é um marco na história de sua empresa. Não se deve negligenciar o nome que ela vai carregar e o impacto que isso terá no negócio. Depois de um tempo de trabalho é muito mais difícil e custa caro mudar, portanto pense bem antes de decidir.

O nome deve ser inovador, atrativo e com um significado cativante. Depois de decidir, não se esqueça de registrá-lo, pois podem aparecer outras empresas com a mesma marca, e somente a primeira que a registrar tem o direito legal de utilizá-la em seu país.

Não se esqueça também de verificar se esse nome está disponível em domínios para o site da marca e nas redes sociais. Se alguém já o estiver utilizando, você ainda tem a possibilidade de negociar a compra dele com o atual dono.

Abra também o CNPJ da empresa, para garantir o nome o quanto antes.

O EMPREENDEDO-RISMO É A MELHOR FERRAMENTA PARA POTENCIALIZAR SEU PROPÓSITO DE VIDA E CAUSAR UM IMPACTO POSITIVO NO MUNDO.

@andersonvidaveg

5. BUSQUE RECURSOS PARA COMEÇAR A IMPLEMENTAR SEU NEGÓCIO

Se você não tem capital para iniciar o negócio, como foi meu caso, vai precisar buscar esses recursos. Há três maneiras de conquistar isso:

- *Empréstimo*: nesse caso, você deve ter uma ideia clara, por meio do plano de negócios, do valor de que precisa e o que fará com ele; analisar os juros que estão sendo oferecidos e se as parcelas cabem no fluxo de caixa que você planejou no plano de negócios. É sempre melhor tentar emprestar dinheiro de familiares e amigos do que de instituições financeiras como bancos, para conseguir taxas mais justas e melhores negociações. Apesar de estar melhorando nos últimos anos, na maioria das vezes as oportunidades de financiamento para novos empreendedores no Brasil não são boas em relação ao tempo de pagamento e custos com juros e taxas, visto que os financiadores consideram essas operações de grande risco e buscam se precaver com altos retornos com os empréstimos, para compensar possíveis inadimplências. Boa parte dos credores ainda pede garantias reais, e muitas vezes o empreendedor não as tem.
- *Sócios*: Você pode buscar sócios-investidores, que passarão a ter uma porcentagem na empresa. Essa é uma escolha muito delicada, pois você estará entrando em um relacionamento duradouro, assim como quando escolhe se casar com uma pessoa. Se decidir ter um sócio, busque alguém alinhado com seus valores e propósitos e complementar em habilidades e conhecimentos, pois assim ele poderá contribuir para o crescimento do negócio em áreas de que você não tem domínio. Eu, por exemplo, busquei sócios engenheiros de alimentos que tinham conhecimento técnico em desenvolvimento de produto e organização de fábrica, uma vez que meus

conhecimentos eram em gestão, marketing e sustentabilidade. Analise também cuidadosamente como esses sócios poderão contribuir para o negócio com suas experiências e rede de contatos. Tome cuidado para não ser muito diluído (perder muita porcentagem da sociedade) e assim perder o poder de decisão na empresa que você mesmo está fundando. Além disso, não se esqueça de fazer um bom contrato formalizando o que foi combinado e deixando claras as responsabilidades de cada um.

- *Capital próprio*: Você também pode adiar a abertura do negócio e trabalhar para juntar o dinheiro necessário para o início, assim como eu fiz. Mas você deve considerar que nesse período há o risco de alguém abrir um negócio que entregue a mesma solução que você está planejando, e você acabar perdendo o *timing* de mercado. Esse risco é maior para negócios inovadores. Se alguém vir antes, pode ocupar o espaço vago de que o mercado dispõe, dificultando posteriormente sua entrada.

6. CONQUISTE PESSOAS EXCEPCIONAIS PARA TRABALHAR COM VOCÊ

Para o sucesso do negócio, é essencial que você selecione pessoas competentes e comprometidas. É melhor selecionar pessoas comprometidas para você treinar do que pessoas competentes sem comprometimento. Uma vez que este está muito ligado ao quanto essa pessoa está engajada com o propósito do negócio. Olhe para os dois, mas no processo seletivo priorize mais o comportamento da pessoa que suas habilidades. Falaremos adiante com mais detalhes sobre esse assunto.

7. TENHA UM PLANEJAMENTO ESTRATÉGICO COM INDICADORES E PROJETOS

Essa etapa vem propositalmente nesta ordem, pois é importante você envolver a equipe (sobretudo as lideranças) nesse trabalho. Vocês devem discutir e definir missão, visão e valores da empresa, fazer sua análise SWOT (forças e fraquezas internas e ameaças e oportunidades externas), criar o mapa estratégico com os objetivos em cada área (financeira, socioambiental, clientes, processos internos, gestão de pessoas e outras que julgar importantes) e, para cada objetivo, criar e monitorar os indicadores e projetos. A disciplina nesse monitoramento é muito importante, e devem ser feitas reuniões pelo menos mensalmente para analisar a evolução em cada área.

Agora que você já tem todo esse novo conhecimento sobre o propósito, sobre como o empreendedorismo pode ajudá-lo a viabilizar e concretizar sua visão de mundo, e também sobre como estruturar sua empresa, quero compartilhar com você a importância da criação de valor e da inovação para que seu negócio ganhe asas e impacte o mundo de forma positiva. No capítulo a seguir, falaremos com mais detalhes sobre isso.

CAPÍTULO 6

CRIAÇÃO DE VALOR E INOVAÇÃO

A gora que você já sabe o passo a passo para abrir sua empresa e prosperar, a partir de agora eu ensino, com um pouco mais de detalhes em cada capítulo, como fazer para escalar sua empresa com sucesso. Vamos começar com o que é essencial, que é a criação de valor e seu potencial de inovação.

GERAR SOLUÇÕES E OFERECER O NOVO

Quando eu quis criar a Vida Veg com o propósito de salvar animais, pensei em produtos veganos e gostosos que substituíssem as carnes de origem animal, pois era disso que eu sentia falta na época. Quando fui analisar o mercado, vi que os produtos eram difíceis de encontrar e, quando conseguia, eram caros e muitas vezes não eram saudáveis, pois continham excesso de gordura, sódio etc.

Quando fui entender os consumidores por meio de minha pesquisa de mestrado e do estudo de mercado que contratei na época, percebi que eles também queriam produtos saudáveis e acessíveis, tanto em termos de preço quanto de distribuição, pois desejavam encontrá-los de forma fácil, disponíveis em algum ponto de venda próximo de casa ou do trabalho.

Aí fui juntando as peças do quebra-cabeça e vi que criaria valor e inovaria mais se fizesse produtos veganos gostosos, saudáveis e acessíveis, pois isso era algo inédito no Brasil e extremamente factível, apesar de difícil de fazer.

Então, meu sócio Álvaro e eu fomos olhar o mercado vegano e seus produtos na Europa e nos Estados Unidos, que são dois mercados que começaram a se desenvolver mais cedo que o brasileiro e estavam muito mais avançados que os daqui. Vimos que lá havia muitos leites vegetais e produtos derivados como queijos, iogurtes e requeijões, que no Brasil ainda não existiam. Meu sócio veio da indústria de laticínios (de leite de vaca) e já tinha experiência no desenvolvimento e na fabricação desses produtos de origem animal. O processo é muito parecido, o que muda são os ingredientes, que passam a ser de origem vegetal. Resolvemos então inovar e lançamos o primeiro iogurte vegano do Brasil, feito de leite de coco. Depois vieram os primeiros queijos de castanha-de-caju, os primeiros iogurtes gregos, os primeiros shakes e iogurtes proteicos de origem vegetal, os primeiros requeijões de castanha-de-caju, e por aí fomos inovando e criando valor.

Mas, como disse anteriormente, não era o caso de apenas lançar o produto de origem vegetal saudável, era preciso que ele tivesse sabor agradável. Vimos que os produtos não eram consumidos só por veganos, mas também por pessoas não veganas que queriam diminuir o consumo de produtos de origem animal, seja por questões de saúde, seja por preocupação com a sustentabilidade. E esses consumidores, por sua vez, não abriam mão de um bom sabor, diferentemente dos veganos, que renunciam a alguns segundos de prazer na alimentação por motivos maiores, como preservar a saúde, o meio ambiente e, principalmente, exercitar sua ética em relação aos animais.

As pesquisas e os feedbacks foram nos mostrando que o que o consumidor mais queria era sabor, ele desejava um produto gostoso. Não adiantava lançar produtos veganos saudáveis se não fossem gostosos, pois não havia recompra, o consumidor não voltava a comprar, e isso não fazia a empresa crescer. Então vimos que, para criar valor, era primordial que o produto fosse saboroso, mas também oferecesse nutrição, pois boa parcela das pessoas também queria proteínas, vitaminas e minerais encontrados nos produtos de origem animal, para fazer a troca pelos de origem vegetal sem ter essa perda para a saúde.

Então, para criar valor e inovar no mercado, é preciso pesquisar como esse mercado está na região que você quer atuar e como ele funciona em regiões mais desenvolvidas, que você pode ter como referência. Veja como está o nível de qualidade do produto ou serviço que você quer ofertar em seus concorrentes e como você pode inovar e fazer de um jeito diferente ou apenas melhor, em custo, qualidade e/ou acessibilidade.

Na década de 1920, Schumpeter já havia reconhecido a importância da inovação na atividade empreendedora, de modo que ele representava um meio para o aproveitamento de novas oportunidades de negócio e para a criação de novas formas de utilização de recursos naturais, para além de seus usos habituais, sendo uma das principais qualidades do empreendedor a facilidade em encontrar novas possibilidades em matéria de usos, produtos e serviços.[34]

Outro diferencial da Vida Veg é que conseguimos colocar os produtos em mais de seis mil pontos de venda em todos os estados do país, estruturando uma logística de distribuição de produtos refrigerados para todos os lugares, o que nenhum concorrente conseguira fazer antes. Portanto, você também consegue inovar no *como*, não apenas no *o quê* e *porquê*, criando diferenciação para sua empresa. Assim, com uma logística bem estruturada, tornamos o produto acessível, diferentemente das marcas que já existiam e que só conseguiam colocar seus produtos nas cidades em torno de suas sedes.

O segredo é: pesquise, valorize os feedbacks de clientes e dos potenciais clientes, entenda como você vai se diferenciar no mercado, vá lá e faça. Não precisa estar tudo perfeito para iniciar, comece sendo um pouco melhor do que o que já existe e, depois, vá melhorando com o tempo. O importante é começar e ir aprendendo e evoluindo com a prática e a experiência.

---

34 DA ROSA, S. Empreendedorismo e a atitude empreendedora: um relato de sua importância para a economia. **Administração de Empresas em Revista**, Curitiba, v. 4, n. 22, p. 154-168, maio 2021. Disponível em: https://revista.unicuritiba.edu.br/index.php/admrevista/article/view/4131. Acesso em: 27 dez. 2023.

O IMPORTANTE É COMEÇAR E IR APRENDENDO E EVOLUINDO COM A PRÁTICA E A EXPERIÊNCIA.

@andersonvidaveg

Na Vida Veg, também fomos agregando valor para a marca à medida que passamos a investir em conteúdo. Para a maioria das pessoas, o veganismo era uma questão nova (muito menos conhecido em 2015 do que é atualmente) e elas não sabiam dos benefícios. Assim, criamos um blog, fortalecemos parcerias com influenciadores em nossas redes sociais, passamos a visitar nutricionistas e a expor nossos produtos em eventos, para mostrar que os produtos, além de gostosos, traziam a possibilidade de uma vida mais saudável. Quando você educa o consumidor gratuitamente, ele passa a admirar sua marca e comprar seus produtos. Ele percebe que você está agregando conhecimento na vida dele sem cobrar nada a mais por isso. Portanto, conteúdo (com embasamento) é uma forma de criar valor e inovar no mercado. Vamos falar um pouco mais de comunicação adiante.

Também fomos agregando valor para a marca com ações de responsabilidade social e ambiental. Temos energia solar na empresa, neutralizamos o carbono que emitimos com o plantio de árvores, doamos parte das vendas dos produtos para ONGs de proteção ambiental e animal. Isso tudo mostra que somos uma empresa sustentável, e não apenas por ter produtos veganos que demandam menos recursos naturais que os de origem animal em sua produção, mas também por pensar em cada detalhe de nossa operação para ser uma empresa sustentável e coerente com seus valores. Agregar valor para a marca não significa apenas oferecer bons produtos ou serviços, como também ações do dia a dia e suas comunicações.

Por isso, saliento que todas as ações que você desenvolver em sua empresa devem comunicar seu propósito de dentro para fora. A coerência entre as suas atividades internas, os produtos que disponibiliza e as práticas que realiza convencerão seu cliente da solidez de seu propósito.

Agora que você já pôde identificar seu propósito e vislumbrar como criar valor e dar coerência à sua empresa por meio da comunicação e transparência de seu propósito e do benefício que deseja proporcionar ao mundo, falemos mais sobre a busca de recursos para iniciar seu negócio. Os recursos serão fundamentais para que você crie e escale a empresa, rumo ao impacto que deseja causar, para que ele atinja mais e mais pessoas. Vem comigo!

CAPÍTULO 7

A BUSCA DE RECURSOS

Na introdução deste livro, contei que venho de uma família de classe econômica baixa. Saí da casa dos meus pais aos 18 anos e sempre trabalhei para me manter de forma independente. A ideia da Vida Veg surgiu quando eu tinha 23 anos, ganhava uma bolsa de mestrado equivalente a um salário mínimo e tinha uma dívida para pagar, referente ao financiamento que tinha feito para pagar as contas durante a faculdade. Portanto, eu não tinha dinheiro para abrir uma empresa.

Então trabalhei durante quatro anos como coordenador de marketing em uma grande empresa e juntei o dinheiro para dar início à Vida Veg. Meu sócio Álvaro e eu colocamos, cada um, 80 mil reais no negócio, arcando com despesas de pesquisa de mercado, burocracias de documentações, contabilidade, agência de comunicação para criação de logomarca e artes das embalagens, registro de marca, hospedagem de site, computadores, telefones, reformas, primeiros móveis, utensílios e equipamentos (usados) para a fábrica e o escritório; para ter capital de giro para as primeiras compras de insumos e embalagens dos iogurtes; e pagar contas de água, luz e internet, aluguel, software de gestão, além de salários e impostos etc. Todo empreendedor necessita investir um capital para iniciar o negócio antes de começar a receber o dinheiro das vendas.

Com o crescimento da empresa, precisamos de mais dinheiro para ter capital de giro e fazer investimentos. Eu não tinha mais nada, pois já havia colocado toda a minha reserva no empreendimento, mas o Álvaro ainda tinha algum dinheiro e foi emprestando para a empresa, até a dívida estar em quase 800 mil reais. Ao chegar a esse ponto, fomos buscar novos sócios para quitar essas dívidas e investir ainda mais na empresa. Entramos em negociação com dois sócios antigos do Álvaro, em outra empresa que ele trabalhava, e conseguimos, no fim do ano de 2018 (três anos após o início das operações), um aporte que nos possibilitou zerar as dívidas e construir uma fábrica nova, que foi inaugurada em janeiro de 2020. Esses dois sócios também tinham conhecimento técnico, experiência empresarial e rede de contatos no mercado que ajudaram a empresa a crescer, o que deve sempre ser analisado na captação de novos sócios para o negócio, pois dinheiro é apenas um dos critérios de seleção.

Tudo são escolhas. Perdemos uma porcentagem importante das cotas da sociedade, mas escolhemos isso para diminuir nosso risco financeiro e ter a possibilidade de crescer de forma mais acelerada, pois o mercado já estava se abrindo para o setor e cada vez mais corríamos o risco de novas empresas entrantes (concorrentes) ocuparem espaço. Hoje, com a experiência que tenho, considero que, como fundador, fui muito diluído nessa negociação e perdi uma parcela importante das ações que eu tinha na empresa. Por isso, em qualquer negociação importante como essa, sempre recomendo procurar um mentor mais experiente para orientá-lo e fechar um acordo justo. Outra dica é contratar uma boa assessoria jurídica para formalizar o acordo e as responsabilidades de cada um em contrato. Isso ajuda a evitar que o empreendimento que você criou em decorrência de seu propósito vire simplesmente o negócio de outra pessoa, que talvez não compartilhe da mesma visão de mundo que você. Na Vida Veg, eu tive a excelente assessoria do escritório Lacerda Diniz Sena Advogados, que recomendo muito, e deixo aqui o contato:

TODO EMPREENDEDOR NECESSITA INVESTIR UM CAPITAL PARA INICIAR O NEGÓCIO ANTES DE COMEÇAR A RECEBER O DINHEIRO DAS VENDAS.

@andersonvidaveg

Um ponto muito importante: se possível, prove primeiro a tese de mercado demonstrando sua capacidade de criar valor, com as primeiras vendas já feitas e consolidadas e um crescimento no faturamento, para depois procurar novos sócios. Muitas empresas, sem necessidade e de forma equivocada, invertem essa lógica, buscando investidores antes mesmo de estabelecer uma base sólida de valor. Há muitos investidores entrando em projetos ainda em fase inicial, sem faturamento, e geralmente dá errado para os dois lados (investidores correm mais riscos e empreendedores são bastante diluídos com *valuation* baixo). Nessa primeira captação da Vida Veg já tínhamos três anos de mercado, crescimento de vendas comprovado, centenas de clientes espalhados por todo o Brasil, logística estruturada, fábrica rodando e produtos consolidados.

A empresa continuou crescendo e exigindo aporte de todos os sócios, até que meu dinheiro, conquistado com os pró-labores, já estava acabando novamente, enquanto o dos meus sócios não, pois eles eram bem mais capitalizados do que eu. Foi então que, em 2021, fui ao mercado negociar nova venda de ações com fundos de *venture capital*. Esses fundos de investimento compram parte da sociedade e geralmente o dinheiro todo vai para o investimento na empresa (*cash-in*), assim os sócios não tiram nenhum dinheiro para eles (*cash-out*) e se comprometem a usar esse investimento de forma eficiente para fazer a empresa crescer e se valorizar, dando retorno para todos os acionistas.

Conversei com mais de vinte fundos de investimento apresentando a empresa e o *business plan* (plano de negócios) que fiz para os cinco anos seguintes partindo daquela data. É como um processo seletivo, mas dos dois lados. Os fundos conversam com várias empresas para selecionar a que mais se adéqua ao perfil que estão buscando, e eu, como empresário, também quis selecionar o fundo que mais estava alinhado com os valores da Vida Veg, principalmente o de causar um positivo e expressivo impacto social e ambiental. Muitos fundos só querem colocar dinheiro, cobrar valorização dos empreendedores e ganhar uma boa verba em sua saída (com a venda das ações). É importante que os empreendedores busquem esse alinhamento de valores e propósito e fundos que ajudem no crescimento do negócio, com conhecimentos complementares e relacionamentos no mercado.

Após rodadas de negociações, conseguimos um investimento de 14 milhões de reais na empresa a um *valuation* (valor da empresa) muito bom, na casa de centenas de milhões de reais. Portanto, vendemos uma pequena parte da sociedade e captamos dinheiro para ter capital de giro e ampliar e modernizar nossa fábrica, suportando um crescimento de cinco vezes nosso faturamento em três anos.

O processo de negociação e fechamento com esses fundos demora de seis meses a um ano em média, portanto ainda precisávamos pegar financiamento de um banco para continuarmos crescendo e investindo em novos projetos, até que o capital dessa negociação caísse na conta e pudéssemos zerar novamente as dívidas e utilizá-lo para o crescimento.

Percebam que na Vida Veg utilizamos várias modalidades de captação de recursos: capital próprio, capital de terceiros (empréstimos) e investimentos de novos sócios. Você pode escolher qualquer (ou vários) desses caminhos para sua empresa, mas não há desculpa para não abrir uma empresa por falta de capital. Cada vez mais esse capital está disponível para investimentos, e pode ser a oportunidade para causar o impacto positivo no mundo, dando asas ao seu propósito.

Para quem está aberto a novos sócios-investidores, há várias maneiras de consegui-los no mercado, dependendo do estágio e do valor de sua empresa naquele momento. Geralmente, os empreendimentos em estágio inicial despertam o interesse dos investidores-anjo, que são pessoas físicas. Normalmente eles são (ex) empresários/empreendedores ou executivos que já tiveram uma carreira de sucesso e também podem ajudar com suas experiências e seus conhecimentos. Em boa parte das vezes, esses investidores-anjo compram de 5% a 10% do negócio e buscam grande potencial de retorno, pois correm alto risco colocando dinheiro em empresas em estágio inicial que muitas vezes não dão certo.

Nos estágios posteriores, em que as empresas já se testaram com as primeiras vendas e clientes e têm um faturamento interessante (geralmente na ordem dos milhões ao ano), os investidores são os fundos de *venture capital* (para empresas menores) e *private equity* (empresas maiores, geralmente com faturamento acima de 100 milhões de reais ao ano). Também são fundos que entram em negócios de alto potencial de retorno e correm riscos, porém menores que os investidores-anjo, pois essas empresas já estão com produtos/serviços, clientes, fornecedores, colaboradores e processos mais bem estruturados após alguns anos de operação. No geral, esses fundos investem em várias empresas para diluir o risco e buscam o crescimento acelerado do faturamento, sem esquecer a rentabilidade e o lucro, para valorizar a empresa, investindo em expansão, fusões e preparando a empresa para uma futura venda ou abertura de capital.

Nesses investimentos há um processo de *due diligence* (diligência prévia) para se certificar de que tudo está em conformidade com o que foi apresentado em termos de números financeiros e se não há nenhuma contingência que pode trazer risco após o investimento na empresa, principalmente dívidas e potenciais dívidas (impostos ou dívidas trabalhistas, por exemplo). Na Vida Veg, foram exigidos mais de trezentos documentos e relatórios e alguns meses de trabalho para provarmos que estávamos com tudo funcionando corretamente. Após isso, há a fase de elaboração de contrato e geralmente os gestores desses fundos participam da administração dos empreendimentos, implementando práticas de governança mais avançadas e com poderes de tomada de decisão e veto sobre questões estratégicas da empresa, protegendo o capital investido. A negociação desses possíveis vetos é um ponto importante para o empreendedor não perder poder nas decisões da companhia.

Para trazer capital de terceiros para a empresa, tanto com financiamentos quanto com novos sócios-investidores, é essencial que o empreendedor tenha uma boa administração do negócio e números financeiros e contábeis confiáveis para que a negociação se concretize. Muitas vezes, os empreendedores não conseguem esse capital porque não têm domínio da gestão financeira e/ou por terem contingências que nem sabiam. É importante que as demonstrações financeiras da empresa tenham confiabilidade e que ela tenha uma boa contabilidade para lhe dar suporte. Além disso, são feitas consultas na Centralização de Serviços de Bancos (Serasa) e no Banco Central do Brasil, tanto do CNPJ quanto dos CPFs dos sócios, para se certificar de que não haja dívidas e pendências antes de fazer o aporte financeiro.

Esse é o caminho que eu fiz, mas você pode escolher entre as opções colocadas. Se você tiver boa condição financeira e não necessitar de capital de terceiros, acredito que colocar o próprio dinheiro é o melhor caminho. Com isso, você não terá sócios com conhecimentos complementares, mas poderá contratar profissionais (consultores, mentores, funcionários) que poderão trazer isso, assim não perde parte de sua empresa e continua com poder total de decisão.

Se você não tiver dinheiro, analise entre as possibilidades de fazer um empréstimo e entrar para uma sociedade. Para os empréstimos, devem ser consultadas várias instituições financeiras para que você consiga uma boa taxa de juros e um valor de parcela que a empresa consiga pagar (de acordo com o plano de negócios). Nesse caso, você tem a desvantagem da dívida, mas também a vantagem de ser o único dono do negócio, sem perder participação. Caso prefira trazer sócios, selecione muito bem quem serão eles, pois será um compromisso de longo prazo. Veja se seus valores e suas crenças estão alinhados e se os conhecimentos são complementares, para que seus sócios possam ajudar no crescimento do negócio em áreas de que você não tem domínio. É muito importante deixar as coisas bem claras em contrato para evitar problemas futuros.

CAPÍTULO 8

PLANEJAMENTO, ESTRATÉGIA e MENTORIAS

Planejar é pesquisar, analisar e decidir antecipadamente o que fazer para atingir um objetivo final futuro. Com o planejamento, o empreendedor consegue entender melhor as forças e fraquezas internas da empresa, bem como oportunidades e ameaças externas, traçando maneiras de potencializar as forças e aproveitar as oportunidades, além de ações para solucionar as fraquezas e se precaver contra ameaças. O exercício do planejamento possibilita fazer projeções e escolhas que servirão de guia quanto a onde conseguir os recursos necessários para a implementação do projeto e como utilizar esses recursos da maneira mais eficiente. Planejar é olhar para o hoje e para o amanhã, desenhar caminhos e escolher as melhores maneiras de avançar na direção do que é desejado.

Antes de iniciar qualquer empreendimento, você deve fazer o planejamento por meio do plano de negócios e, após começar, precisa revisá-lo periodicamente (recomendo uma vez por semestre). Ao trabalhar com planejamento, você levanta uma série de informações e assim se prepara para o que virá, diminuindo riscos de perdas e aumentando potenciais receitas e lucros.

Existem vários modelos de planos de negócios na internet, um deles é gratuito e feito pelo Sebrae, que foi o que eu utilizei e recomendo. Modelos de planos já estruturados o forçam a pensar e ajudam a definir uma série de coisas: a missão, a visão e os valores da empresa; em qual setor vai atuar; quem serão seus clientes, concorrentes e fornecedores; qual vai ser seu enquadramento tributário, capital social e fonte de recursos; já consegue pensar se é interessante ou não convidar sócios e quais os perfis desejáveis deles. Você também vai ter uma melhor visão sobre com quais produtos e/ou serviços vai trabalhar, preços, estratégias promocionais, a estrutura de comercialização, a localização do negócio etc.

No âmbito operacional, já vai pensar em leiaute, capacidade instalada, processos operacionais, necessidade de pessoal e quais os perfis dos profissionais. No plano financeiro, vai calcular investimentos pré-operacionais e fixos, estoque inicial, caixa mínimo, faturamento mensal, custos, despesas, e poderá desenhar o demonstrativo de resultados mensais que servirão de base e como metas para os próximos meses de seu negócio. A partir dos números, conseguirá visualizar seu ponto de equilíbrio (quando a empresa passa a pagar suas contas e fica no "zero a zero"), sua rentabilidade e lucratividade.

Anote esta frase: *você economiza meses de trabalho com poucos dias de planejamento*. Se você trabalha sem planejamento, terá uma probabilidade enorme de gastar recursos muito maiores para conquistar coisas menores, pois vai errar em pontos desnecessários que você não erraria se tivesse previsto antes, apenas gastando alguns minutos pensando, sem executar.

Outra sugestão é ter mentores e consultores. Os mentores são pessoas que já passaram pela experiência que você ainda vai passar, portanto, já erraram e já sabem o caminho mais curto e correto para chegar ao seu objetivo. Conversando com eles, você evita cometer os mesmos erros e não perde o dinheiro e o tempo que gastaria cometendo-os, além de chegar mais rápido aos seus objetivos. Hoje, a mentoria é um de meus principais trabalhos, ajudando novos empreendedores em suas jornadas de crescimento.

Nos anos de 2019 e 2020, participei dos programas de *Scale-up* da rede de empreendedores Endeavor, nos quais tive mentorias individuais e coletivas em vários temas da empresa que me ajudaram muito. Os programas da Endeavor selecionavam quinze ou dezesseis empresas entre mais de 500 candidatas para ter

VOCÊ ECONOMIZA MESES DE TRABALHO COM POUCOS DIAS DE PLANEJAMENTO.

@andersonvidaveg

essas mentorias e escalar os negócios. Participamos do programa do estado de Minas Gerais e, depois, do programa Alimentos e Bebidas do Brasil. Foram experiências incríveis, em que conheci excelentes empreendedores que estavam em estágios parecidos com o meu, com dores e problemas semelhantes, e pudemos, por meio do *networking*, trocar informações e conhecimentos e nos ajudar mutuamente a resolver problemas e identificar oportunidades. Então, unir-se com outros empreendedores no mesmo estágio ou em estágios mais avançados que o seu pode contribuir e muito para sua trajetória. Além disso, as mentorias me ajudaram muito a trilhar o caminho correto. Desde então me convenci a sempre ter mentores na vida e estar disponível a ser mentor de empreendedores que passarão pelo que passei, podendo retribuir o que recebi e ajudá-los em suas jornadas.

Atualmente, no Brasil, existem muitas incubadoras e aceleradoras de empresas que podem ajudar você. São ambientes que auxiliam muito os empreendedores na estruturação e no crescimento das empresas em estágios iniciais, inclusive com mentorias.

Além de mentores, contratamos para a Vida Veg alguns consultores de planejamento estratégico que nos ajudaram a refletir e questionar se estávamos no caminho correto. Com suas questões cirúrgicas, eles traziam reflexões e discussões importantes para a empresa, estabelecendo um novo mapa estratégico e nos trazendo melhores caminhos para chegarmos mais rapidamente até nossos objetivos. Com isso, traçamos os objetivos em cada área e, em seguida, os projetos e indicadores com metas que direcionariam nosso trabalho para fazermos a empresa crescer aceleradamente, aumentar seu valor e causar maior impacto positivo social e ambiental. Não há dúvidas de que bons consultores trarão visões diferentes que a sua e a de sua equipe, direcionando sua empresa a se colocar nos trilhos novamente, pois as rotinas e os processos operacionais do dia a dia acabam tirando o foco estratégico de que precisamos para estar na direção correta.

Estabelecidos os mentores e consultores de planejamento estratégicos mais apropriados para seu negócio, é hora de definir indicadores importantes de desempenho, como os que demonstram a eficiência, o lucro e o impacto social e ambiental que sua empresa precisará ao longo do tempo. Mas isso é o que conto para você no próximo capítulo.

CAPÍTULO 9

EFICIÊNCIA, LUCRO e IMPACTO SOCIOAMBIENTAL

Na Vida Veg, a mesma consultoria que implementou o planejamento estratégico na empresa também nos ajudou na elaboração e no acompanhamento dos indicadores e projetos de cada área. Cada indicador ou projeto tem de ter um objetivo estratégico ao qual ele está ligado e um responsável, que geralmente é o líder do setor correspondente. Esses indicadores têm de ter uma fórmula clara e descritiva, para que todos saibam como são calculados; e metas definidas, para que a equipe esteja alinhada com os números.

Por exemplo:

- **Objetivo econômico/financeiro:** obter faturamento líquido de 5 milhões de reais por mês até dezembro deste ano.
- **Indicador:** faturamento líquido mensal.
- **Metas:** janeiro, 3 milhões; fevereiro, 3,2 milhões; março, 3,5 milhões; (e, assim, com valores definidos sucessivamente, até...) dezembro, 5 milhões.
- **Fórmula:** faturamento bruto – devoluções – impostos sobre vendas = faturamento líquido.
- **Responsável:** gerente comercial.

Mensalmente, fazemos reuniões gerenciais das quais participam os líderes de cada área (na Vida Veg, em 2023, são cerca de dez pessoas, por exemplo), que trazem os números do mês anterior. Se a meta foi batida é ótimo, cada líder recebe os parabéns e não precisa se aprofundar naquilo. Se alguma área, por alguma razão, não bateu a meta, o responsável por ela precisa apresentar o FCA (Fato, Causa e Ação), em que se aprofunda nas causas de não ter batido a meta até chegar à causa raiz que tem de ser combatida. Com base nela, são criados planos de ações corretivos com ações, prazos, responsáveis e investimentos necessários para que aquele número volte ao patamar desejável.

Nas reuniões, os líderes de outras áreas são envolvidos nas discussões para que contribuam com diferentes pontos de vista, fiquem cientes do problema na outra área e ajudem no que estiver ao alcance deles para melhorar, pois é um problema da empresa como um todo, e não apenas daquele setor. Exemplo: se a área correspondente não está conseguindo bater a meta de faturamento, qual é o motivo? A produção não está conseguindo entregar os produtos vendidos com qualidade? A logística está entregando os produtos para o cliente com atraso? O marketing não está divulgando corretamente para criar a demanda no consumidor? Com os diálogos, a equipe entende o motivo e se ajuda mutuamente para corrigir os problemas.

É muito importante ter algum colaborador de gestão na empresa, para que ele possa gerir todo o planejamento estratégico, os indicadores e os projetos, lembrando e cobrando os responsáveis de suas ações, pois muitas vezes os colaboradores se envolvem em suas rotinas diárias e se esquecem dessa parte, extremamente importante para a empresa. A disciplina de fazer as reuniões mensais também é crucial, pois assim conseguimos corrigir os problemas a tempo e não deixamos virar uma "bola de neve".

O colaborador responsável pela gestão é essencial para o desenvolvimento de uma cultura de avaliação e monitoramento na empresa. Ele deve ter um perfil mais analítico, ser organizado e ser bom de relacionamento, pois dependerá do retorno dos líderes da empresa e do trabalho em parceria com eles para ter relatórios bem apurados. Terá tarefas como: liderar a construção de um sistema de informação com um painel de monitoramento (*dashboard*) confiável e que seja atualizado periodicamente; liderar a coleta de dados e o registro das informações; preparar, validar e monitorar indicadores-chave de desempenho (também conhecidos como *Key Project Indicators* – os KPIs) com os líderes da empresa; estudar e conduzir análises com os responsáveis pelos indicadores e projetos; registrar projetos e planos de ação; garantir que as informações produzidas alimentem as reuniões de análises e decisões; cobrar os responsáveis pelo cumprimento dos prazos das ações registradas; e, quando necessário, fazer adaptações e melhorias no sistema, nos projetos e indicadores.

É importante dizer que esse colaborador responsável pela gestão não será o encarregado pela execução das ações levantadas nas diferentes áreas da empresa. Cada projeto, indicador e ação terá um responsável designado, sendo principalmente o encarregado pela área em questão, para que ele implemente o que foi combinado. O responsável pela gestão apenas vai ajudar nas análises e lembrar o encarregado das ações designadas a ele, cobrando que sejam cumpridas no prazo e com qualidade. O responsável pelo indicador deve também responder por ele nas reuniões de acompanhamento, explicando, quando ocorrer, a causa de não ter cumprido determinada meta e as ações que serão feitas para que isso seja corrigido.

Outro ponto importante na gestão da empresa são os procedimentos operacionais padrão (POPs), em que deve estar descrito, de forma clara e detalhada, o passo a passo de cada atividade rotineira da empresa, inclusive com fluxogramas. Esses arquivos ficam disponíveis para quando novos colaboradores assumirem as funções, pois muitas vezes os conhecimentos de como executar aquelas tarefas ficam concentrados em determinadas pessoas, que, quando saem da empresa, levam-nos com elas, deixando a empresa "na mão". Com esses POPs organizados, atualizados e disponíveis, a empresa se liberta da dependência das pessoas e passa a focar nos processos padronizados, e qualquer profissional que entrar pode executar aquela função, apenas seguindo os procedimentos descritos no arquivo. O ideal é a empresa ter um responsável por atualizar os POPs (que pode ser o mesmo responsável pela gestão) e que ele faça o teste se o documento está claro para executar aquela função mesmo sem ter experiência na área, que muito provavelmente vai ser o caso de quem entrar naquele cargo operacional posteriormente.

Além disso, é importante ter um bom sistema de gestão para a eficiência da empresa. A escolha desse software deve ser muito criteriosa, pois, após implementá-lo, é muito difícil e trabalhoso trocá-lo, uma vez que uma troca tem custo alto e demanda muito tempo de sua equipe. Consulte vários sistemas de gestão e veja qual atende melhor ao perfil de seu negócio. Não só o software deve ser completo em suas informações e relatórios, mas o treinamento feito pela empresa fornecedora desse software deve ser rápido e eficiente. Infelizmente, não é raro que aconteçam imprevistos e problemas no dia a dia após a implementação do sistema, então é importante também que a equipe dessa empresa fornecedora esteja sempre disponível para sanar dúvidas e resolver problemas de forma rápida. Geralmente, o software tem alto impacto na gestão da empresa, pois permeia todas as áreas dela, carrega informações valiosas e confidenciais e deve trazer relatórios completos para análises e tomadas de decisões. Esse ponto é de extrema relevância em qualquer negócio e interfere completamente em seu sucesso.

O empreendedor deve deixar claro para toda a equipe a importância de lançar as informações da empresa (*inputs*) de forma rápida e correta no software de gestão, pois por meio delas o sistema vai gerar relatórios de análises (*outputs*) para os líderes tomarem decisões. Por exemplo: todas as compras de insumos e produtos devem ser lançadas no sistema que, consequentemente, vai gerar o abastecimento de estoque e as contas a pagar para os fornecedores de maneira automática. Assim, o responsável pelo estoque vai conseguir visualizar no sistema o que já foi comprado e como está seu estoque, sendo importante um inventário mensal para comparar o estoque físico com o do sistema.

Ao mesmo tempo, o responsável pelas contas a pagar da empresa vai saber que dia precisará pagar determinado fornecedor e se vai ter caixa para isso. Além disso, todas as vendas devem ser faturadas pelo software de gestão, que vai gerar a nota fiscal e abastecer as informações de vendas para os relatórios de vendas por cliente, produto, dia, mês etc., o que vai embasar decisões do gestor comercial. Sempre que possível, automatize os processos da empresa para eliminar possíveis erros humanos e tornar a companhia mais eficiente.

Com todos os lançamentos corretos de entradas e saídas da empresa, o empreendedor vai conseguir ter o demonstrativo de resultado do exercício (DRE) para saber se a empresa está dando lucro naquele período ou não. Ou seja, ele vai ver na DRE o que vendeu, subtrair os impostos, custos (diretos do produto ou serviço) e despesas (como contas de água e luz, valores pagos ao contador, aluguel, salários etc.) do período e ver se a empresa teve lucro ou não. Ter a gestão financeira em dia é de extrema importância e tem de ser uma prioridade do empreendedor desde a abertura da empresa, para que saiba exatamente os valores que entram e os que saem do caixa. Muitas vezes, os empresários acham que a empresa tem de vender mais para dar lucro, mas a falta de lucratividade não resulta necessariamente da ausência de clientes, pois pode ser também resultado da falta de gestão administrativa e do controle de custos e despesas.

Além da DRE, é importante que o empreendedor tenha o balancete, que vai trazer informações que não são extraídas da DRE, como: fluxo de caixa, estoques, contas a receber, contas a pagar, investimentos em imobilizado (como máquinas e equipamentos) e lucros ou prejuízos acumulados. Mas calma! Você não precisa ter o domínio desses conhecimentos agora. Você pode fazer cursos para aprender a analisar o DRE e o balancete (que considero essenciais para qualquer empreendedor) e contratar um bom colaborador para ser responsável pelo financeiro e um bom contador para garantir relatórios confiáveis. Tudo se aprende, e podemos trazer parceiros que tenham conhecimentos específicos para nos ajudar no negócio!

Por fim, além de medir a eficiência e o lucro da empresa, é importante medir o impacto social e ambiental que ela causa no mundo. Afinal, estamos falando de lucratividade com propósito e um futuro sustentável.

O COLABORADOR RESPONSÁVEL PELA GESTÃO É ESSENCIAL PARA O DESENVOLVIMENTO DE UMA CULTURA DE AVALIAÇÃO E MONITORAMENTO NA EMPRESA.

@andersonvidaveg

Eu faço questão de medir e colocar em nosso site o impacto social e ambiental da Vida Veg. É importante transformar isso em números para que as pessoas tenham noção da grandeza do resultado daquilo em que você e sua equipe estão trabalhando arduamente todos os dias. Nós criamos indicadores que comparam nosso impacto social e ambiental com o impacto que seria causado se as pessoas continuassem consumindo produtos de origem animal, que usam muito mais terra e água e emitem muito mais gases do efeito estufa em sua cadeia de produção do que os alimentos veganos. Vejam alguns de nossos números já realizados com oito anos de empresa:

Preservação de mais de **72 mi m²** de terra

Reciclagem de mais de **363,69 t de plástico e papel** pelo seu EuReciclo

Deixamos de emitir mais de **22 mi kg de CO²**

Mais de 424 vidas poupadas de animais que passariam a vida inteira produzindo leite e carne

Economia de mais de **2,5 bi litros de água**

Além desses números, a Vida Veg é uma empresa carbono neutro. Já foram neutralizadas 51 toneladas de CO_2 emitidos pela empresa por meio do plantio de árvores.

Também temos claros nossos objetivos até o ano de 2025:

- Preservar **220 milhões m²** de terra (22 mil campos de futebol);
- Economizar **8,3 bilhões litros** de água (61 milhões de banhos de 15 minutos);
- Evitar a emissão de **69 milhões quilos de CO_2** (o que equivale a **529 milhões quilômetros** rodados por um carro);
- Salvar **1.452 animais**;
- Reciclar **776 toneladas** de lixo;

- Continuar **neutralizando 100% do carbono emitido** diretamente pela empresa.

Recentemente também passamos a monitorar no número de pessoas contratadas a porcentagem de mulheres, pessoas com necessidades especiais, jovens (com idade até 24 anos), pessoas com baixa renda, negros e pardos. Além disso, levantamos o número de mulheres na liderança da empresa. Para tudo isso, colocamos metas visando dar oportunidade para todos os grupos da sociedade de forma justa.

Ou seja, ao comprar os alimentos veganos da Vida Veg, o consumidor não está adquirindo apenas um leite vegetal, um iogurte de leite de coco, um queijo de castanha-de-caju, mas também uma alimentação mais sustentável para o planeta – garantindo a existência das futuras gerações –, mais ética em relação aos animais e mais saudável para ele e sua família, além de ser um produto feito por uma empresa que se preocupa com o desenvolvimento da sociedade.

Como é um tema que ganhou relevância recentemente, nos últimos anos surgiram vários guias, disponíveis gratuitamente na internet, que ajudam os empreendedores a medir o impacto social e ambiental de suas empresas. Um deles é o "Guia de avaliação de impacto socioambiental" do Insper, que enfatiza os procedimentos para estimar o impacto de um projeto ou empresa com base em certos objetivos e resultados delineados pela teoria da mudança proposta.[35]

O Hub Conversas Sustentáveis, do qual atualmente sou membro do conselho, também ajuda na estruturação do ESG – sigla em inglês que significa Environmental, Social and Governance e corresponde às práticas ambientais, sociais e de governança de uma organização –, fazendo um diagnóstico do negócio e

---

35 GUIA de avaliação de impacto socioambiental para utilização em projetos e investimentos de impacto: guia geral com foco em monitoramento e verificação de adicionalidade. 5. ed. São Paulo: Insper, 2022. Disponível em: https://www.insper.edu.br/wp-content/uploads/2022/05/GUIA-AVALIACAO-DE-IMPACTO-SOCIOAMBIENTAL_PT.pdf. Acesso em: 2 jan. 2023.

ajudando a montar os indicadores dessa área. Além disso, a empresa tem uma plataforma de educação sobre sustentabilidade que vale a pena acessar. Deixo o QR Code para o contato.

Como este não é o foco do livro, não vou entrar em detalhes aqui, mas sugiro procurar esses materiais e assessorias para ter um apoio no momento de medir o impacto de sua empresa. Um alto impacto certamente ajuda a manter uma equipe motivada, e é sobre isso que falo no capítulo a seguir.

CAPÍTULO 10

como MONTAR e MANTER uma equipe MOTIVADA

Em seu artigo sobre empreendedorismo e as dificuldades que os micro e pequenos empreendedores enfrentam para abrir e manter uma empresa, Maria Gabriela Neves de Oliveira considera que em muitos casos os empreendedores se apaixonam pelo negócio e ficam cegos pela iniciativa que tiveram, não sendo capazes de reconhecer suas limitações como executivos, levando as empresas à falência. Portanto, ela argumenta que, embora seja verdadeiro que o início de um empreendimento depende exclusivamente de seu fundador, ele também deve ser capaz de reconhecer suas limitações e buscar superá-las ao contar com o apoio de uma equipe que auxilie o empreendedor a perseguir sua visão.[36]

Uma organização precisa de habilidades, conhecimentos e atitudes diversos, que apenas são possíveis se você conseguir formar uma equipe multidisciplinar. Na Vida Veg temos mais de 140 colaboradores engajados e de diversos perfis, que, juntos, são os responsáveis pelo sucesso da empresa. Contudo, montar uma equipe boa não foi fácil e trouxe diversos desafios, que vou abordar neste capítulo.

Desde o começo do negócio, é muito importante fazer o planejamento dos cargos e salários que você quer ter em sua equipe. De acordo com sua operação, você vai estabelecer os perfis de pessoas de que vai precisar para executar tudo com qualidade e, com base nisso, você pode fazer um descritivo de cargo contendo

---

36 OLIVEIRA, M. **Empreendedorismo**: dificuldades que as micros e pequenas empresas enfrentam para abrir e manter uma empresa. Trabalho de Conclusão de Curso (Graduação em Administração) – Universidade de Santa Cruz do Sul, Santa Cruz do Sul, 2018.

qual é o cargo do profissional, quais são suas principais responsabilidades e tarefas, quem é seu líder e qual é sua autonomia para agir sem ter que perguntar ao líder o que tem que fazer ou pedir autorização para fazer. Imprima uma cópia desse descritivo de cargo e entregue para o colaborador para que ele tenha isso em mãos. É muito importante que cada empregado tenha isso claro já na admissão, esteja alinhado com seu líder imediato e que isso seja revisto de forma periódica, de preferência semestralmente.

Para oferecer uma remuneração justa, é importante pesquisar a média de mercado de sua região para aquela função e não pagar um salário abaixo disso, mesmo sabendo que hoje os colaboradores mais jovens valorizam mais o pertencimento de estar em um negócio com um propósito definido e com potencial de crescimento que a remuneração financeira, a qual, apesar disso, nunca pode ser desprezada. Para cargos com metas, é sempre bom estabelecer parte da remuneração como variável para estimular os colaboradores a bater a meta para ganharem aquela remuneração, principalmente no setor comercial. A remuneração variável também pode incluir a avaliação de desempenho daquele colaborador, que levará em conta seu comportamento e a prática de valores da cultura organizacional, da qual falarei com mais detalhes no próximo capítulo.

Tendo isso em mãos, você abre o processo seletivo já sabendo quem pretende contratar. O processo mais simples e eficiente é definir o perfil da vaga, divulgá-la, coletar currículos, delegar ao departamento de gestão de pessoas (antigo recursos humanos – RH) que selecione os melhores currículos, entrevistar essas pessoas e passar os três melhores candidatos com melhor perfil para aquela vaga para o gestor, que será o líder daquele colaborador quando ele entrar. Eu prefiro priorizar a questão comportamental do que a técnica, analisando se o candidato se encaixa na cultura da empresa, pois a parte técnica conseguimos desenvolver posteriormente com treinamentos, mas mudar comportamentos é muito mais difícil. Também sempre gostei de contratar talentos com perfil empreendedor e com "cabeça de fundador", pois essas pessoas sempre estão comprometidas com o resultado final de seu trabalho na empresa e buscam se colocar no lugar do dono conforme executa suas tarefas, o que é muito valioso, pois a maioria das pessoas só quer fazer seu papel e não pensa estrategicamente em como isso impacta a organização como um todo.

Ao ser admitido na empresa, é essencial que o colaborador passe por um processo de integração, em que possa entender com clareza qual é o propósito, a missão, a visão e os valores da organização; em que mercado ela atua; quais são seus produtos/serviços e diferenciais; como é o organograma atual da organização e quais são suas regras. É importante ter o manual de conduta escrito com as obrigações e responsabilidades do empregado e entregá-lo para ele no primeiro dia. Na Vida Veg, nós temos uma plataforma on-line com vídeos gravados e treinamentos disponíveis, a que o colaborador tem acesso quando e onde quiser, assim, o departamento de gestão de pessoas ou o empreendedor não precisam ficar repetindo as mesmas informações toda vez que alguém novo entra, o que é muito útil para empresas que crescem aceleradamente. No começo da organização, os próprios empreendedores conseguem fazer a integração pessoalmente, mas após certo tempo eles não conseguem mais pelo volume de pessoas e passam essa tarefa para os integrantes da gestão de pessoas.

Na fase inicial da organização, é normal que o empreendedor exerça várias funções. Perdi as contas de quantas vezes carreguei caixas pesadas de insumos e produtos, cheguei aos eventos com um dia de antecedência para montar a decoração do estande, item por item, fui com meu carro particular buscar mercadoria na transportadora porque ela não entregava na primeira fábrica, que era na zona rural da cidade etc. Isso se faz necessário não só pelo exemplo de colocar a mão na massa em tarefas operacionais, mas também para você aprender a melhor maneira de exercer aquela função e valorizá-la quando um empregado assumir.

Isso também aconteceu com Bruno Fonseca, fundador da The New Butchers e da Eat Clean, que me relatou sua experiência: "Minha rotina começava madrugando na fábrica. Eu fazia a rotulagem dos produtos manualmente, separava os pedidos vendidos no dia anterior, emitia notas fiscais e boletos e partia para as entregas logo cedo, almoçava em meu próprio carro e iniciava as visitas de prospecção. Nessa época, contava apenas com dois funcionários na cozinha, que se dedicavam à produção dos produtos. Tirando a produção, todas as áreas ficavam comigo, era engraçado pois eu 'vestia vários chapéus', por vezes o cliente que eu visitei para vender me via fazendo as entregas, até hoje tenho clientes que se tornaram amigos que relembram essa fase". Essa fase traz experiência prática e conhecimento para o empreendedor nos diversos setores, o que possibilita desenhar procedimentos mais eficientes desde o início e antes de contratar novos funcionários.

Mas à medida que a empresa começa a crescer, o empreendedor precisa contratar as primeiras pessoas, que normalmente vão executar diversas funções. Na Vida Veg, quando tínhamos três pessoas no escritório (além de três na fábrica), elas faziam de tudo. Por exemplo: Fernanda era a responsável pelo administrativo, gestão de pessoas, financeiro e logística; Marina era responsável pelos setores de atendimento ao cliente, vendas, pós-venda e trade marketing; e José era responsável pelo marketing, redes sociais, eventos e comunicações. Cada função dessa passou posteriormente a ter uma pessoa responsável, mas, com a falta de recursos no começo e o menor volume de trabalho, pelo porte da empresa, essas pessoas davam conta do recado e faziam a empresa crescer. Portanto, no começo, você precisa de pessoas com mais perfil "mão na massa", que tenham vontade de construir junto com você. As primeiras pessoas também devem ter potencial de se tornarem líderes naquele setor, pois, se você contratar algum líder acima da posição hierárquica delas, vai gerar frustração em quem entrou primeiro, por terem mais tempo de empresa e mesmo assim não terem sido promovidas, apesar de isso não ser proibido e de ser um procedimento corriqueiro no mercado.

NO COMEÇO, VOCÊ PRECISA DE PESSOAS COM MAIS PERFIL "MÃO NA MASSA".

@andersonvidaveg

À medida que a empresa vai crescendo e novas pessoas vão entrando, as funções passam a ser mais bem distribuídas e mais específicas, e se estabelecem as lideranças. É muito importante fazer com o departamento de gestão de pessoas o plano de carreira de cada um, para que o colaborador saiba aonde pode chegar e o que ele precisa fazer para crescer. Nesse plano são incluídos os treinamentos técnicos e comportamentais fundamentais para que a pessoa suba de cargo com o tempo e, assim, consiga almejar o crescimento profissional. Para manter a equipe motivada, também é ideal que os líderes façam pelo menos uma vez a cada semestre uma avaliação de equipe baseada em questões técnicas e comportamentais e deem um feedback sincero para o crescimento daquele colaborador.

Na Vida Veg fazemos avaliação 360°, um tipo de avaliação de desempenho em que cada pessoa faz uma autoavaliação e é avaliada por toda a equipe com a qual ela trabalha, além de seu líder, assim, a empresa tem uma avaliação de diversos pontos de vista, mais ampla e justa, para traçar o plano futuro daquele colaborador. Os critérios variam desde capacidade de trabalhar em equipe, responsabilidade, organização, qualidade e pontualidade nas entregas, entre outros, até comportamentos coerentes com os valores e o propósito da organização. No final, ainda colocamos um NPS perguntando se o avaliador recomendaria o colaborador avaliado como profissional e colega de trabalho. Ao se sentar com cada liderado, o líder pode escutar a autoavaliação do colaborador e depois dar o famoso "feedback sanduíche", em que começa elogiando algum ponto positivo dele, para quebrar o gelo e tornar o momento mais leve (visto que normalmente o colaborador fica tenso em momentos de feedbacks), depois, faz as críticas construtivas e termina com palavras positivas sobre as entregas e o potencial de crescimento daquele colaborador, para que ele saia motivado da avaliação. É importante não deixar que ele veja as avaliações que os outros colaboradores fizeram dele, para não criar um clima desagradável na empresa. Apenas o líder olha todas as avaliações e dá o feedback, sem citar nomes.

Outra avaliação geral que aplicamos na empresa é a pesquisa de clima e diversidade. Com ela, conseguimos ter uma noção geral do perfil e da diversidade dos colaboradores e como está sua satisfação com o ambiente da empresa, seu propósito, remuneração, benefícios, relacionamento com a liderança e os colegas, treinamentos e crescimento profissional, entre outros, trazendo informações importantes, que geram um plano de trabalho para que a empresa melhore nos pontos apresentados como insatisfatórios.

Essas são dicas rápidas de gestão de pessoas em que você, como empreendedor, deverá se aprofundar com estudos, cursos e parcerias com profissionais experientes na área. O importante é ter ciência de que o olhar e a dedicação pessoais do empreendedor são essenciais na formação e no dia a dia da equipe, que o dono da empresa deve sempre estar próximo aos colaboradores e deixá-los à vontade para expor suas opiniões, que também podem trazer sugestões construtivas para a empresa. Nos primeiros anos da Vida Veg, eu fazia questão de entregar pessoalmente a cada colaborador o holerite do salário e conversar com ele sobre seu potencial na empresa e como estava a rotina de seu trabalho. Também deixava claro que quem estava pagando aquele salário não era eu nem a Vida Veg, mas, sim, nosso cliente. Sem o cliente não teríamos recursos para aquilo. Eu chegava a escrever no holerite de cada um: *"Nosso cliente mandou isto para você"*. Essa era uma forma simbólica de representar o cliente que pagava todas as contas da empresa e, por isso, deveríamos sempre nos preocupar com a satisfação dele.

CAPÍTULO 11

CULTURA ORGANIZACIONAL

Cultura organizacional é o jeito como as pessoas interagem e se comportam no ambiente de trabalho, e os valores que norteiam seus comportamentos. Essa questão é uma das mais difíceis de serem trabalhadas nas organizações e interfere completamente no ambiente e, em consequência, na produtividade.

Na Vida Veg, dialogávamos com os líderes sobre quais valores eles achavam que deveríamos ter na empresa e definíamos quais gostaríamos de perpetuar em nosso comportamento. Fizemos uma reunião e colocamos questões do tipo: "Como chegamos até aqui?", "Aonde queremos chegar?", "Quais comportamentos tivemos e quais queremos a partir de agora?", e cada um escreveu os cinco valores que melhor se encaixavam em sua visão. Depois, selecionamos os que foram mais citados e filtramos os que tinham maior consenso entre todos. Antes dessa etapa, meu sócio e eu nos sentamos para discutir nossa visão do assunto com o intuito de nos preparar e não desviar do que achávamos mais adequado como fundadores da empresa.

Apesar de aparecerem visões pontualmente diferentes, a maior parte delas convergia para um ponto em comum, pois já tínhamos um modo de ser e de enxergar nosso trabalho depois de três anos de empresa. Só paramos para discutir isso no terceiro ano, mas sugiro que essa questão seja levantada desde o início do empreendimento, além da definição de propósito, missão e visão. Obviamente, ela pode ser revisada de tempos em tempos com os líderes da equipe.

Na Vida Veg, definimos os cinco valores a seguir e três comportamentos cotidianos para cada valor, que podem servir de exemplo para você:

#RIPES

Um time que trabalha por um mundo melhor, consciente de sua **Responsabilidade socioambiental, Inovando** com **Positividade** e **Empatia** e estimulando a **Saúde**.

RESPONSA-BILIDADE SOCIOAM-BIENTAL	INOVAÇÃO	POSITIVIDADE	EMPATIA	SAÚDE
Contribuo para minimizar a utilização dos recursos naturais e faço coleta seletiva do lixo.	Sou pioneiro, antecipo tendências e busco inovar todos os dias.	Acredito no resultado, meu pensamento positivo contribui para chegar aos objetivos.	Minhas atitudes afetam positivamente meus colegas, clientes, fornecedores, a sociedade e o meio ambiente.	Sou adepto de uma alimentação saudável, pratico atividades físicas com regularidade e cuido da minha mente.
Respeito os animais e trabalho para a libertação e o bem-estar deles.	Tenho audácia e arrisco sempre que estou convicto da escolha.	Sou alegre no ambiente de trabalho e contribuo para manter o clima sempre positivo.	Ajo para contribuir com os colegas, entregar valor na vida do outro e fazer o bem.	Consumo os produtos Vida Veg e conheço os benefícios de uma alimentação *plant based*.
Tenho atividades que ajudam no desenvolvimento da sociedade.	Sou proativo e sempre melhoro minha rotina para torná-la mais eficiente.	Curto e aproveito a jornada de aprendizado, mesmo nos momentos mais críticos, pois sei que fazem parte da minha evolução.	Falo sempre bem das pessoas, organizações e do planeta, uma vez que sou parte de um todo.	Pratico alimentação vegetariana dentro da Vida Veg e quando a represento.

É importante deixar claros para os colaboradores os comportamentos práticos relacionados aos valores, mostrando como agir, que é o que fizemos com os três comportamentos abaixo de cada valor mostrado no quadro anterior. Se a empresa cita de forma abstrata apenas o valor, como "inovação", por exemplo, isso fica muito vago para o colaborador interpretar. Também é importante não haver mais de cinco valores para não ficar difícil de memorizar. Além disso, criamos o "#RIPES", acrônimo com as letras iniciais de cada valor – Responsabilidade socioambiental, Inovação, Positividade, Empatia e Saúde –, para facilitar a memorização. Tudo isso deve estar na cabeça de todos para que a prática se torne mais natural no dia a dia.

A implementação de rituais e simbologias na empresa é essencial para que todos internalizem esses valores. Na Vida Veg, por exemplo, implementamos um refeitório 100% vegano que estava totalmente condizente com os valores de responsabilidade socioambiental e saúde. Além disso, toda a alimentação fornecida nas instalações da empresa é vegana, incluindo nossos próprios produtos, pães e frutas. Isso significa que, primeiro, praticamos internamente o que queremos que o mercado pratique. Outra questão é que devemos consumir com prazer nossos produtos, ou algo está errado e deve ser revisto. Se não gostamos do sabor ou da textura de nosso iogurte, por exemplo, isso quer dizer que a receita deve ser refeita. Ora, se nós, que somos os fabricantes, não consumimos nosso produto, ninguém mais vai consumi-lo. Nós até mesmo observamos quais produtos demoram mais para acabar nas geladeiras do escritório e da fábrica, para analisar o que pode haver de errado com eles. Além disso, disponibilizamos a possibilidade de compra de nossos produtos a preço de custo para os colaboradores, para incentivá-los a ter uma alimentação vegana em casa também.

No valor Saúde, reembolsamos parte da mensalidade da academia ou de qualquer outra atividade física, para incentivar o desenvolvimento de um estilo de vida saudável. Também fazemos corridas em grupos, estimulando a integração e a preservação da saúde de todos. Cuidar da saúde com boa alimentação e atividade física é essencial para qualquer pessoa, não só por garantir maior longevidade e qualidade de vida ao longo dos anos, mas também por trazer mais energia para os desafios diários e, consequentemente, maior produtividade.

A CULTURA ORGANIZACIONAL É O JEITO COMO AS PESSOAS FAZEM, SE COMPORTAM E OS VALORES QUE NORTEIAM SEUS COMPORTAMENTOS NAS EMPRESAS.

@andersonvidaveg

Pelo menos uma vez por mês, o setor de gestão de pessoas organiza um ritual com algum valor da empresa para reforçá-lo. Muitas vezes trazemos gente de fora para falar sobre inovação, positividade e empatia, dando treinamentos e estimulando discussões. Outras vezes, fazemos visitas a cooperativas de reciclagem para entendermos a importância de separar e limpar os resíduos antes de eles os receberem. Também visitamos o canil da cidade para trabalhar como voluntários para a ONG, além de doarmos sangue em outros dias, estimulando o valor Empatia. Todas essas ações fora do ambiente de trabalho estimulam a unificação da cultura organizacional.

Criamos uma conta no Instagram com as letras iniciais dos cinco valores (RIPES), na qual os colaboradores podem postar a prática na empresa e fora dela. No fim do mês e do ano, premiamos os que foram mais participativos. Os colaboradores são incentivados a postar, por exemplo, qualquer inovação nos processos cotidianos, pois para nós a inovação não está apenas nos produtos que lançamos no mercado, mas também na inovação que cada um pode incorporar à sua área e aos seus processos.

Usamos também muitas simbologias visuais, como camisetas, quadros e capas de cadernos com os valores da empresa para sempre estarmos em contato visual e nos lembrarmos deles e, consequentemente, praticarmos esses valores.

Além disso, selecionamos os "guardiões da cultura", designando uma pessoa para cada valor, que reforçam aquele comportamento, "espionam" as rotinas e ajudam a corrigir qualquer desvio da equipe, pois apenas os líderes dos departamentos acabam não conseguindo o engajamento na cultura que tanto queremos. Esses guardiões podem ser de qualquer nível hierárquico da empresa, inclusive os de níveis mais operacionais são os que mais conseguem implementar as ações na rotina diária.

No livro *Comece pelo porquê*, Simon Sinek também aborda a importância da cultura nas empresas:

> Pense um instante sobre o que é uma companhia. Uma companhia é uma cultura. Um grupo de pessoas que se reúnem em torno de um conjunto comum

de valores e crenças. O que une uma companhia não são produtos ou serviços. O que a torna forte não é o tamanho ou a pujança, é a cultura – a noção de que há crenças e valores que todos, do CEO até o recepcionista, compartilham. Assim, segue-se a lógica: o objetivo não é contratar pessoas que apenas tenham uma coleção de aptidões de que você necessita, o objetivo é contratar gente que acredita naquilo em que você acredita.[37]

A cultura organizacional na Vida Veg é tão importante e forte que contratamos apenas pessoas que se encaixam nos valores da empresa e demonstram isso já no processo seletivo. Fazemos uma integração intensa no primeiro dia dos contratados na empresa. Eles assistem a um vídeo que eu gravei apresentando detalhadamente cada valor e colocamos os valores da cultura nas avaliações periódicas que fazemos. Assim, valorizamos e reconhecemos aqueles que os praticam e, às vezes, até demitimos os que não se alinham com o RIPES, após algumas tentativas de ajustes de comportamento.

Temos alguns profissionais que são belos exemplos de como vestiram a camisa da Vida Veg e adotaram nossos valores.

Hislander, do marketing, e Paloma, de gestão de pessoas, por exemplo, viraram vegetarianos após entrar na empresa e ter acesso a todas as informações sobre os benefícios da alimentação vegetariana, praticando isso também fora dela. Lucas, supervisor administrativo, já era vegetariano quando entrou na empresa e estudava muito sobre responsabilidade social e ambiental. Hoje é um guardião e um destaque nesse valor. Dione, analista financeiro, não costumava praticar atividade física antes de entrar na Vida Veg, mas depois que foi admitido ficou disciplinado na academia, mostrando-se muito mais disposto no dia a dia. Além dele, várias pessoas passaram a praticar e fazer atividades físicas após entrarem na empresa, relatando melhorias na produtividade, na

---

37 SINEK, S., *op. cit.*

disposição, na autoestima e na relação com os familiares. Isso faz as pessoas se engajarem na organização e valorizarem trabalhar nela, mais até que o salário que recebem.

Ainda conforme Simon Sinek,

> nós nos saímos melhor em culturas nas quais nos encaixamos, em lugares que refletem nossos próprios valores e crenças. Assim como o objetivo não é fazer negócios com alguém que apenas quer o que você tem, mas com pessoas que acreditam no que você acredita, também é benéfico viver e trabalhar em um lugar onde você vai prosperar naturalmente porque seus valores e suas crenças se alinham aos valores e às crenças daquela cultura.[38]

Agora que você entendeu a importância de uma cultura organizacional que reflita os valores que julgamos fundamentais para nosso negócio, a seguir, vamos falar de alguém que contribui imensamente para a cultura da empresa: o líder. Espero você no próximo capítulo!

---

[38] SINEK, S., *op. cit.*

CAPÍTULO 12

LIDERANÇA

Quando digitamos no buscador do Google "o que é liderança", a definição que encontramos é: "a habilidade de motivar, influenciar, inspirar e comandar um grupo de pessoas para atingir determinados objetivos". Acredito que essa frase é um bom ponto de partida para este capítulo, em que vamos discutir a importância de exercitar bem o papel de líder como fundador da organização. Função nada fácil, pois lidar com pessoas é muito complexo, visto que cada um tem seu jeito de ser, as próprias motivações e frustrações, seu propósito individual. Não é por acaso que existem vários cursos para desenvolver a habilidade de liderança disponíveis no mercado hoje, alguns muito bons, outros nem tanto.

Uma função essencial do líder é inspirar as pessoas a seguir seu propósito, desde os funcionários até os clientes. Simon Sinek também trata da importância de o líder inspirar pessoas, difundir e manter o propósito:

> Os grandes líderes têm capacidade de inspirar as pessoas a agir. Eles oferecem um sentimento de propósito e de pertencimento que tem pouco a ver com qualquer incentivo externo ou benefício que se possa obter. Quem lidera de verdade consegue criar uma legião de seguidores que não agem porque foram levados a isso, mas porque foram inspirados. Para aqueles que estão inspirados, a motivação para agir é profundamente pessoal. Eles são menos propensos a ser atraídos por incentivos (financeiros, por exemplo). Os que estão inspirados estão dispostos a pagar o preço ou suportar inconveniências e até o sofrimento pessoal. Os que são capazes de inspirar vão criar um grupo de seguidores – apoiadores, clientes,

funcionários – que agem pelo bem do todo não porque são obrigados, mas porque assim o desejam.[39]

Ainda segundo o autor:

> Existem líderes e existem aqueles que lideram.
> Líderes ocupam uma posição de poder e de influência.
> Os que lideram nos inspiram.
> Sejamos indivíduos ou organizações, seguimos aqueles que lideram não porque somos obrigados, mas porque queremos. Seguimos os que lideram não por eles, mas por nós mesmos.[40]

Acho essa contribuição de Simon fantástica. As pessoas não seguem os líderes por causa das características dele, mas por elas mesmas. Pela identificação que elas têm com o propósito dele.

Simon faz um paralelo interessante sobre o círculo dourado e a liderança:

> O líder representa o *porquê*. No caso de uma companhia, este costuma ser o CEO (ou ao menos esperamos que seja). O nível logo abaixo, do *como*, tipicamente inclui os executivos seniores, que são inspirados pela visão do líder e sabem *como* dar vida a esse *porquê*. Não se esqueça de que um *porquê* é apenas uma crença, o *como* são as ações que empreendemos para realizar essa crença, e os *o quês* são os resultados dessas ações. Não importa quão carismático ou inspirador

---

39 *Idem.*

40 *Idem.*

seja o líder, se não houver na organização pessoas inspiradas para tornar aquela visão realidade e para construir uma infraestrutura com sistemas e processos, então, no melhor dos casos, reinará a ineficácia, e, no pior, o resultado será o fracasso. Nessa interpretação, o nível do *como* representa uma pessoa ou um pequeno grupo responsável por construir a infraestrutura capaz de fazer com que o *porquê* seja tangível. Isso pode acontecer no marketing, nas operações, nas finanças, nos recursos humanos e em todos os outros departamentos. Abaixo disso, no nível do *o quê*, é que se produzem os resultados. É nesse nível que está a maioria dos funcionários e é onde as coisas tangíveis efetivamente acontecem.[41]

Portanto, um dos papéis principais da liderança na organização é difundir e manter o propósito. Dois grandes exemplos de líderes mundiais que mudaram o mundo com seus propósitos foram Steve Jobs e Bill Gates. Jobs chegou a sair da Apple depois de ter sido "traído" pelo presidente que ele mesmo tinha contratado na companhia e que montara um complô contra ele em 1985, juntamente com o conselho administrativo. O propósito da empresa foi se perdendo e ele teve de voltar após doze anos. Já Bill Gates, que fundou a Microsoft com o propósito de permitir às pessoas serem mais produtivas para que pudessem atingir seu máximo potencial, teve de voltar a frequentar a empresa após ter saído da presidência para reestabelecer o propósito, que foi se perdendo sem sua presença. Sem ele, a companhia se tornou apenas uma fábrica de softwares, e isso afetou comportamentos e decisões. Mesmo não sendo uma pessoa muito carismática, sua crença forte e consistência ao longo dos anos inspirou muitas pessoas e o tornou um dos líderes mais bem-sucedidos do mundo, tanto em termos financeiros quanto de impacto. Ele e Steve Jobs são exemplos claros de personificação física dos propósitos que inspiravam suas equipes e clientes.

---

41 *Idem.*

UM DOS PAPÉIS PRINCIPAIS DA LIDERANÇA NA ORGANIZAÇÃO É DIFUNDIR E MANTER O PROPÓSITO.

@andersonvidaveg

Como afirma Simon Sinek:

> [...] quando organizações são pequenas, *o que* elas fazem e *por que* o fazem estão perfeitamente alinhados. Como isso emana da personalidade do fundador, é relativamente fácil para os primeiros funcionários entenderem. A clareza do *porquê* é bem assimilada, pois a origem da paixão está próxima – de fato ela vem trabalhar, fisicamente, todo dia. Na maioria dos negócios pequenos, todos os funcionários ficam apinhados em um mesmo recinto e socializam. O simples fato de estar próximo de um fundador carismático permite que esse sentimento de pertencer a algo especial floresça.[42]

Contudo, a primeira coisa que o líder deve ser é a personificação dos valores e do propósito da empresa. Ele deve ser o exemplo na prática desses valores até que isso vire prática natural de seu dia a dia. Na saída dele, é necessário um grande cuidado para que o propósito não se perca e comecem a ser utilizadas manipulações para manter clientes e funcionários que antes eram fiéis inspirados pelo propósito. Nesses casos, manipulações financeiras, como promoções e bônus, passam a ser a principal maneira de segurar clientes e funcionários, que passam a ir trabalhar apenas para cumprir tarefas.

Quando anunciei minha saída da diretoria da Vida Veg, como fundador que tinha trazido o propósito, único sócio vegano e praticante desse estilo de vida, além de sempre vivenciar e comunicar a questão da responsabilidade ambiental e social, muitos clientes e colaboradores me relataram que estavam com receio de que a empresa perdesse esse propósito. E isso já aconteceu com várias empresas por aí depois que o fundador que detém a causa inicial da companhia sai, pois aos poucos a mensagem deixa de ser

---

42 *Idem.*

transmitida e perde seu *porquê*. Por isso, fiz questão de reforçar para todos que isso não deveria depender apenas de mim, e sim de todos os que estão na Vida Veg. É um compromisso coletivo dentro da empresa prezar por esse propósito, mesmo não sendo vegano, dando continuidade na propagação da mensagem da causa e mantendo esse legado de respeito aos animais, ao meio ambiente e às pessoas. É isso que inspira e mantém colaboradores e clientes fiéis à empresa.

Outras virtudes que considero importantes nos melhores líderes são:

1. Saber deixar claras as funções que cada colaborador da equipe deve exercer e sua responsabilidade. Parece óbvio, mas muitas vezes os líderes negligenciam isso e as pessoas acabam perdidas no que fazer e sobre o que são responsáveis. Escreva isso em um documento e assine-o com os colaboradores para ficar registrado.

2. Planejar as atividades com os colaboradores, deixando claras as tarefas e os prazos. Para cada objetivo e meta que temos, sempre estabeleço com o colaborador o plano de ação, com as ações, os prazos, os responsáveis e os investimentos necessários, deixando alinhado esse planejamento e cobrando-o periodicamente, sobretudo as tarefas cujo prazo já venceu.

3. Ter capacidade de conduzir a equipe, prezando sempre por um bom ambiente e qualidade de vida no trabalho. O líder deve manter um relacionamento positivo com todos, ter bom astral, tratar todos com educação e respeito, ser flexível quando possível, mas sem perder a autoridade. Sempre tratei meus colaboradores como se fossem amigos ou familiares, alguns até me chamam de pai (risos), mas nunca deixaram de me olhar como líder porque, quando precisava ser mais firme, eu era, justificando que aquilo tinha um propósito por trás e que todos cresceríamos com aquela situação. Ser próximo sem perder a autoridade é o segredo.

4. Estar sempre disponível, nunca ter barreiras de comunicação. Na empresa em que eu trabalhava antes de abrir a Vida Veg, a porta do presidente ficava fechada e eu tinha de agendar um horário com a secretária para conseguir falar com ele. Isso atrapalhava a agilidade das coisas. Na Vida Veg, todos os meus liderados tinham acesso fácil à minha sala, eu respondia a todas as mensagens o mais rápido possível, além de atender aos telefonemas deles como prioridade. Os colaboradores de sua equipe devem ter prioridade em seu tempo. Muitas vezes, meus liderados tinham dúvidas de como executar determinada tarefa, então eu me sentava ao lado deles para ensinar e fazia junto, pois, primeiro, deve-se mostrar como faz, depois, fazer junto e, por fim, deixar o colaborador fazer sozinho para se certificar de que ele realmente aprendeu. Lembre-se: ninguém tem a obrigação de saber as coisas se não lhe foi ensinado, e essa responsabilidade é do líder!

5. Acompanhar e reconhecer de forma adequada o trabalho desenvolvido. Faça reuniões periódicas com pautas predefinidas para saber como estão os processos em cada área. Nessas reuniões, deixe o colaborador à vontade para trazer dúvidas e questões que você pode ajudar a resolver. Uma das funções do líder é facilitar o trabalho do liderado. Reconheça quando o trabalho estiver sendo bem desenvolvido e dê feedbacks construtivos quando precisa melhorar. Nunca deixe de falar, pois a sinceridade ajudará no crescimento do colaborador e nos resultados da empresa.

Em determinada época na Vida Veg, um de meus colaboradores da área financeira sempre reclamava que estava sobrecarregado. Quando pedi a ele que listasse suas tarefas cotidianas e quanto tempo cada uma delas demandava, vimos que na verdade ele não estava sobrecarregado, apenas desorganizado na rotina

A PRIMEIRA COISA QUE O LÍDER DEVE SER É A PERSONIFICAÇÃO DOS VALORES E DO PROPÓSITO DA EMPRESA.

@andersonvidaveg

e que lhe faltavam processos. Muita gente o interrompia o tempo todo no escritório e as notificações do celular tiravam sua atenção das tarefas a cada minuto. Aliás, silenciar as notificações do celular é algo crucial para que qualquer pessoa possa se concentrar e ter bom rendimento no trabalho. Após definirmos o que ele faria a cada dia, em que horário da semana e como seriam os processos de comunicação com as outras pessoas, o trabalho dele fluiu muito melhor. Organizar processos, tarefas, responsabilidades e agenda com seu liderado vai trazer muito mais produtividade para ele e para a empresa.

Eu sempre fazia reuniões semanais com cada colaborador da equipe para acompanhar os detalhes e buscava entender e ajudar no que podia. Além disso, reuniões mensais com os líderes para acompanhar indicadores e projetos também são essenciais.

Pela minha experiência, quanto mais inexperiente for o colaborador, mais tempo ele vai demandar do líder. Portanto, leve isso em consideração na hora da contratação, pois, apesar de receberem salários mais baixos, pessoas menos experientes na equipe vão precisar de mais tempo seu, e esse tempo também custa dinheiro.

Outra questão que atrapalhou muito o rendimento de algumas pessoas na Vida Veg foram os recursos ineficientes que disponibilizamos erroneamente, por querermos economizar dinheiro, mas, como diz o ditado, "o barato sai caro". Com certas coisas, como computadores, celulares, internet e software de gestão, não se pode economizar, e é preciso estabelecer um nível mínimo de qualidade, para que todos tenham bons recursos para trabalhar, não percam tempo e aumentem a produtividade.

Enfim, bons líderes proporcionam treinamento, ferramentas, recursos e orientações apropriadas para que as equipes sejam bem-sucedidas, além de sempre estarem disponíveis e acompanharem de perto as atividades, ajudando a vencer os desafios e reconhecendo trabalhos bem-feitos sempre que possível.

CAPÍTULO 13

Marca, comunicação e vendas

A área do curso de administração à qual escolhi me dedicar mais e na qual pretendia trabalhar foi o marketing. Na época da graduação, gostava muito de estudar essa matéria. Escolhi fazer mestrado nessa área estudando o comportamento do consumidor, fui o primeiro profissional a estruturar e implementar o marketing em duas grandes empresas, adquirindo bastante conhecimento e autoridade no tema.

Na Vida Veg, fui o responsável pelo marketing da empresa desde sua fundação até minha saída da diretoria, decidindo desde a escolha do nome até o planejamento do *branding*. Defini também a comunicação do que era a marca, a logomarca, o manual de identidade, os pontos e as formas de comunicação etc.

No capítulo 4, sobre propósito de marca, abordei bastante a importância de ter o propósito claro da empresa e saber comunicá-lo, tanto internamente, para os colaboradores da companhia, quanto externamente, para os clientes, fornecedores, sociedade e outros *stakeholders*. Para ajudar nessa comunicação, o propósito da marca exige um manifesto que explica o que é sua marca na essência. Essa explicação pode ter duas versões: a que você comunica para seus colaboradores internamente e a que você comunica para o mercado. Veja no exemplo a seguir o da Vida Veg, em que mostramos que não somos apenas uma empresa de alimentos veganos.

Para a equipe interna
"A Vida Veg é uma marca dos novos tempos. Uma marca que nasce com o objetivo de ocupar um lugar especial em uma das grandes mudanças contemporâneas: a revolução na alimentação. Totalmente dedicada à produção de alimentos de base 100% vegetal, a Vida Veg tem o compromisso fundamental de unir, nos alimentos e na sua cultura, o cuidado com a saúde de cada um com

a contribuição de todos para um mundo melhor. E a Vida Veg quer fazer isso sempre inovando, aprimorando, evoluindo e mantendo a sintonia com todos os que ajudam a construir essa marca e levar adiante esse compromisso. Porque, mais que uma marca, a Vida Veg quer impulsionar e fazer crescer um verdadeiro movimento pela vida saudável e por um mundo melhor."

Para o mercado
"Estamos todos juntos nesta grande aventura que é a vida. E a vida pede, cada vez mais, um movimento pela união. Nós resolvemos entrar de corpo e alma nesse movimento através de algo que une pessoas todos os dias: a alimentação.

Produzindo alimentos de base 100% vegetal, estamos totalmente empenhados em unir a saúde de cada um com o equilíbrio total da vida. Esta é a nossa marca: nós acreditamos na união. A união do sabor com a saúde, do ser humano com o planeta, do vegetal com o nutritivo, dos veganos com os que não são veganos, da tecnologia com a natureza, da qualidade com o acesso, da inovação com a responsabilidade, da teoria com a prática, do indivíduo com o coletivo, do presente com o futuro.

Estamos motivados e unidos para levar esse movimento adiante. Para isso, pesquisamos, inovamos, nos aprimoramos, compartilhamos ideias e, acima de tudo, mantemos nossa sintonia com você. E com todos, absolutamente todos que fazem parte dessa jornada. Mais que uma marca, a Vida Veg é isto: sabor, saúde e um mundo melhor."

Portanto, a marca é muito mais que um nome ou uma logomarca, é o propósito que está por trás, que inspira, conecta, mobiliza e, quanto mais compartilhado, mais cria valor.

Assista a nosso vídeo institucional com o manifesto:

Daí a importância de ter bem definidos e cada vez mais compartilhados o propósito e as estratégias da marca, sua identidade verbal e sua identidade visual. Com isso, ocupamos nossa posição na qual queremos atuar e mostramos nossos diferenciais perante os competidores que estão na mesma área de atuação.

Na Vida Veg, nossa missão é "contribuir para um mundo melhor, facilitando o acesso a alimentos de base vegetal, gostosos e saudáveis". Essa definição nos trouxe toda a base de nossa comunicação, na qual teríamos de transmitir cada parte desse propósito em pontos de comunicação com o mercado de forma especializada. Veja que "contribuir para um mundo melhor" vem antes de "como fazemos", pois esse é o propósito inicial do negócio e engloba salvar animais, promover uma alimentação mais saudável para as pessoas e mais sustentável para o planeta. Esse propósito é a base de boa parte da comunicação da empresa desde o início, pois é aqui que inspiramos e fidelizamos pessoas. Voltando à missão, logo depois explicamos como fazemos isso: "facilitando o acesso a alimentos de base vegetal, gostosos e saudáveis", ou seja, temos de facilitar o acesso a esses alimentos, disponibilizando-os no maior número de pontos de venda possível e a um preço justo. Além disso, não basta serem alimentos de base vegetal, precisam ser saudáveis e gostosos. Isso norteia também toda a estratégia da empresa, inclusive o departamento de inovação, que busca desenvolver produtos veganos com sabor e nutrição que atendam essa missão.

Para saber o que vai comunicar, você tem de definir primeiro quem é seu público-alvo e os perfis das pessoas que vão se comunicar com sua marca. Na Vida Veg, basicamente temos como público-alvo pessoas que buscam na alimentação uma maneira de ter uma vida mais saudável e de fazer dela uma forma de contribuir para um mundo melhor. Isso envolve veganos, vegetarianos, intolerantes a lactose e alérgicos ao leite, além de quem buscava uma alimentação mais saudável e sustentável por motivos ideológicos, simplesmente.

Perceba que há diferentes interesses nos grupos mencionados, e para cada um dos nichos devemos planejar a comunicação especificamente, de forma que as pessoas se conectem com a marca. Para os veganos, por exemplo, exaltamos que a Vida Veg é uma empresa 100% vegana, com certificação que garante que os produtos são de origem vegetal e não foram testados em animais, trazendo a segurança de não ter sido gerado nenhum sofrimento animal naquela cadeia de produção. Já para quem busca uma alimentação saudável, ressaltamos os benefícios para a saúde de ter uma alimentação vegetal em vez de animal, comunicando também as entregas de proteínas, vitaminas e minerais, pois somos muito preocupados com a nutrição de nossos consumidores. Assim, você precisa primeiro entender o que seu público valoriza, quais são seus *drivers* de consumo e, com isso, criar estratégias de comunicação. Na Vida Veg, definimos que os *drivers* seriam: 100% vegetal, sabor, saúde e sustentabilidade. Esses eram os principais motivos que faziam as pessoas nos escolherem como marca.

Um *driver* superimportante que identificamos em nosso público é que todos valorizavam uma alimentação gostosa. Portanto, comunicamos bastante o sabor e a textura dos produtos por meio de imagens e vídeos indulgentes, mostrando que eles são cremosos e gostosos, despertando aquela vontade de comer. Além disso, trabalhamos muito com degustações e experimentações dos produtos.

No quesito sustentabilidade, mostramos quanto os produtos de origem vegetal, quando comparados com similares de origem animal, são mais sustentáveis, pois necessitam de muito menos água e terra na produção e emitem muito menos gases do efeito estufa para entregar a mesma quantidade de calorias que o similar, de origem animal. Além disso, comunicamos a reciclagem de 100% da geração de plástico e papel das embalagens pela compensação ambiental feita por cooperativas de reciclagem, por meio da certificação do selo EuReciclo. Afinal, conforme um estudo realizado pela agência de pesquisa estadunidense Union + Webster, 87% da

O PROPÓSITO DA MARCA EXIGE UM MANIFESTO QUE EXPLICA O QUE É SUA MARCA NA ESSÊNCIA.

@andersonvidaveg

população brasileira prefere comprar produtos e serviços de empresas sustentáveis.[43]

Assim, com a comunicação adequada para os diferentes públicos pensando no que eles valorizam, conseguimos criar e comunicar valor para os clientes, que passam a perceber o "valor" acima do "preço" para comprar. A maioria de nossos produtos ainda é aproximadamente até 30% mais caro que o similar de origem animal (isso se deve à maior carga tributária que pagamos, custos mais elevados e menor escala). Mas, com boa comunicação de nosso propósito, agregado aos benefícios dos produtos para a saúde, o meio ambiente e os animais, o valor percebido acaba ficando acima do preço, gerando as vendas para veganos e também para muitos não veganos.

Pense nisso: você está comunicando o propósito de sua marca? A percepção de valor de seu produto está acima de seu preço? Faça o teste: após apresentar a comunicação do propósito da empresa e dos benefícios do produto, pergunte ao consumidor quanto ele pagaria pelo produto que você pretende lançar para analisar se você está precificando corretamente. Leve em conta também os produtos similares e/ou substitutos que existem no mercado como referência. O preço é um fator importante de decisão de compra que pode fazer as pessoas trocarem de marcas, mas se sua marca conseguir inspirar e conectar as pessoas por meio do propósito, o nível de importância do preço na decisão de compra cai drasticamente e se sobressai a lealdade do cliente.

É muito importante definir também o *slogan*, que é a promessa de sua marca e resume em poucas palavras tudo o que a marca oferece e que expressa seu compromisso fundamental. No caso da Vida Veg, definimos como "sabor, saúde e um mundo melhor".

Com base nas definições estratégicas da empresa, a área de marketing deve trabalhar e criar a identidade verbal e visual da

---

43 LOURENÇO, M. Sustentabilidade precisa ir além do discurso. **Forbes**, 30 ago. 2021. Disponível em: https://forbes.com.br/forbes-collab/2021/08/maite-lourenco-sustentabilidade-precisa-ir-alem-do-discurso. Acesso em: 26 dez. 2023.

marca. A primeira, você define como conversa e escreve para o mercado, estabelecendo sua personalidade e tom de voz. Como exemplo, na Vida Veg, nossa personalidade é positiva, inovadora, responsável e inclusiva, e nosso tom de voz é bem-humorado, simples e didático. Carregando nosso valor organizacional de positividade, sempre somos "para cima", trazendo a alegria de viver e contagiando as pessoas com nossa energia. Assim escrevemos e comunicamos de forma mais leve e otimista.

Comunicamos também de forma simples e didática, evitando linguagens complicadas que dificultem o entendimento do consumidor, sendo o mais próximos e acessíveis possível para as pessoas, usando termos do dia a dia e de fácil compreensão. Sabemos que existem muitas dúvidas sobre alimentação vegetal e também temos o papel de educar as pessoas sobre os benefícios desses alimentos, por isso, também somos prestativos com todos, levando conteúdos que ajudem a entender que a Vida Veg é uma boa escolha para a saúde delas e para o planeta. Com essas definições claras e colocadas para os colaboradores, a comunicação de toda a empresa fica padronizada e ela ocupa mais facilmente um lugar no mercado e na cabeça das pessoas com seu jeito de ser e posicionamento.

Tendo definido a personalidade verbal, você precisará de um designer especializado para definir a identidade visual, com as formas de aplicação da logomarca, cores primárias e secundárias a serem usadas nas comunicações, tipologia das letras e estilo das imagens que serão usadas. Assim, você mantém um padrão de comunicação essencial para que as pessoas reconheçam a marca logo no primeiro segundo de contato com ela, apenas pelo visual.

Após essas definições de *branding* e posicionamento, você precisa definir as comunicações que vai utilizar para que sua marca e seus produtos ou serviços se tornem conhecidos no mercado e gerem demanda no consumidor. Eu vou citar a seguir alguns exemplos de comunicações que usamos na Vida Veg, para você ter como referência, porém de forma resumida, pois dar exemplos de comunicação não é o objetivo deste livro e isso varia muito de empresa para empresa.

Como a alimentação vegana é uma novidade para a maioria das pessoas, nós trabalhamos muito na criação de conteúdo para levar informações para as pessoas sobre seus benefícios para a saúde e o meio ambiente. Com isso, temos em nosso site um blog e e-books gratuitos com essas informações e postamos vídeos nas redes sociais que outros especialistas e eu gravamos sobre esse tema. Esses conteúdos também são enviados via e-mail para os contatos que levantamos na internet e nos eventos (os famosos *leads*). Assim, antes de querer vender um produto descrevendo suas características, você conquista o consumidor comunicando a crença da marca com conteúdos relevantes que vão conectar as pessoas e explicando os benefícios de consumir os produtos.

Esses mesmos conteúdos podem ser publicados pela imprensa, que sempre está em busca de novas pautas que agreguem valor para sua audiência. Portanto, qualquer assunto interessante que sua empresa tiver pode ser enviado como sugestão de pauta para a imprensa, diretamente ou por meio de um assessor de imprensa que intermedia e facilita essa comunicação. Exemplo: dia 1º de novembro é o dia mundial do veganismo, portanto, alguns dias antes nós enviamos um texto para a imprensa e muitas mídias vieram me entrevistar para saber um pouco mais sobre esse tema. Assim, eu levava o nome da Vida Veg junto gratuitamente e o tornava mais conhecido. Quais conhecimentos você e sua equipe têm que podem ser compartilhados com as pessoas? Isso é um valor que existe em sua empresa e pode gerar conteúdos para as mídias gratuitamente, incluindo a divulgação de sua marca. Pense nisso.

A Vida Veg cresceu muito nas redes sociais. Hoje temos mais de 200 mil seguidores no Instagram e a marca com maior engajamento entre as dez maiores do segmento *plant based* no Brasil. Isso se deve a uma boa comunicação, com imagens bonitas e legendas adequadas seguindo nossas identidades visual e verbal, além de parcerias estratégicas com outras marcas e influenciadores para *posts* em conjunto. O trabalho com influenciadores é, atualmente, uma estratégia que qualquer empresa pode ter, escolhendo bem os influenciadores que já tenham *fit* com a marca e seu propósito, que tenha bom engajamento e que seus seguidores sejam potenciais consumidores de seu produto ou serviço. Pessoas se conectam com pessoas; portanto, se você colocar pessoas em sua rede social, elas vão atrair mais gente para sua marca do que se você postar apenas produtos ou imagens frias.

Nós também trabalhamos desenvolvendo muitas receitas e publicando-as nas redes sociais, para que o consumidor saiba como e em qual momento de consumo utilizar nossos produtos. Lembre-se de que o consumidor está buscando conteúdos atrativos, então ficar apenas falando de seus produtos não vai atrair consumidores. Crie conteúdos relevantes do ponto de vista do consumidor e intercale com as comunicações de produtos. O pensamento é lógico, quando as pessoas assistem à televisão, elas estão interessadas no jornal, no esporte, no filme... e não nos comerciais. Na rede social é a mesma coisa, se você divulga apenas os produtos, isso não é atraente. As pessoas se interessam primeiramente pelo conteúdo!

Além do Instagram, que já citei, utilizamos também o Facebook, o YouTube, o LinkedIn e o TikTok. Esses veículos de comunicação permitem que você direcione melhor sua comunicação para seu público do que mídias de massa como canais de televisão, que são mais caros e muitas vezes atingem pessoas que não têm potencial de consumo de sua marca, e você acaba gastando dinheiro desnecessariamente. No Instagram e no Facebook, por exemplo, você pode fazer comunicações direcionadas para quem tem o perfil que você quer atingir e ainda não segue sua empresa nessas redes (chamados *dark posts*, que são aqueles anúncios que aparecem no *feed* do usuário). Com isso, as pessoas passam a conhecer e seguir a marca e, se a comunicação for adequada, vão passar a comprar os produtos. Você pode ver alguns exemplos de vídeos que gravei para o público-alvo como *dark post* em meu Instagram, @andersonvidaveg, apontando a câmera do seu celular para o QR Code.

Outra estratégia de comunicação que praticamente toda empresa pode usar é o anúncio no Google, trabalhando as palavras-chave que o público procura. Sua empresa pode aparecer

SE VOCÊ DIVULGA APENAS OS PRODUTOS, ISSO NÃO É ATRAENTE. AS PESSOAS SE INTERESSAM PRIMEIRAMENTE PELO CONTEÚDO!

@andersonvidaveg

entre os primeiros nas pesquisas. Por exemplo, quando alguém procura "queijo vegano" no Brasil, somos uma das primeiras empresas a aparecer. Se o consumidor está fazendo aquela procura é porque ele já tem algum interesse, portanto, sua comunicação se torna mais direta. Há diversas técnicas para trabalhar bem o Google, então sugiro que contrate alguém que tenha conhecimento sobre isso. Na Vida Veg, nós temos especialistas para redes sociais e Google. Você pode contratar pessoas especializadas ou agências terceirizadas.

Você também pode selecionar mídias especializadas como revistas, jornais e sites da internet para fazer propagandas. Como exemplo, no Brasil temos a *Revista dos Vegetarianos*, uma revista com trinta mil exemplares de tiragem, que traz conteúdos relevantes sobre o tema. Ora, quem está lendo sobre vegetarianismo tem grandes chances de querer comprar um produto vegetariano, portanto, eu colocava anúncios dos benefícios de nossos produtos nessa revista, que tinham grandes chances de conversão em vendas. No anúncio, também já colocava um QR Code. Ao acessá-lo, a pessoa era direcionada ao nosso site e encontrava o ponto de venda físico mais próximo ou podia comprar on-line em nosso e-commerce, com o cupom de desconto exposto no anúncio. Esse pensamento de conversão em vendas nas propagandas é muito importante! Com o cupom colocado, também conseguimos medir quanto de vendas veio daquele anúncio, calculando o retorno sobre o investimento (ROI).

Em nosso e-commerce também costumamos enviar aos nossos clientes pesquisas de satisfação, que nos trazem informações relevantes sobre a qualidade de nosso atendimento e de nossos produtos. Todo feedback dos consumidores é importante para melhorar.

Deixe-me contar uma história para você: uma consumidora da Vida Veg certa vez comprou produtos em nosso e-commerce e recebeu em casa os produtos totalmente avariados, com as embalagens estouradas. O motivo: nós éramos especializados apenas em atender supermercados com maiores volumes e caixas fechadas do mesmo produto, e posteriormente passamos a atender o consumidor de forma direta, sem adaptar nossa operação. Com isso, começamos usando as mesmas caixas de papelão específicas dos lojistas (que iam cheias dos mesmos produtos) para o consumidor final. Porém, na venda direta para a pessoa, ela escolhe quais produtos quer, e os itens vão sortidos dentro da caixa, que naquele modelo de embalagem iam balançando durante o transporte e chegavam com as embalagens amassadas, os selos estourados e os produtos vazando. Com razão, e para nosso bem, essa consumidora reclamou, e vimos que tínhamos de trocar essa caixa. Fui pessoalmente entregar os produtos avariados na casa dessa consumidora, que morava a 200 quilômetros de nossa sede; ela ficou extremamente satisfeita com o atendimento e divulgou isso nas redes sociais. A lição é: sempre que acontecer um erro devemos assumi-lo, corrigir o processo e dar um atendimento personalizado para os consumidores. O Serviço de Atendimento ao Cliente (SAC) de sua empresa deve ter muita atenção e treinamento para atender de forma adequada e rápida, além de trazer os feedbacks para melhorias nos processos internos. A satisfação do cliente é primordial para o sucesso do negócio!

Outro público que ainda não citei, mas que é um público muito importante para as empresas, são os prescritores. Na Vida Veg, por exemplo, visitamos nutricionistas e médicos para apresentar a empresa e levar amostras a esses profissionais, que passam a conhecer o propósito da marca e os benefícios dos produtos, prescrevendo-os depois para seus pacientes. Quem são os profissionais que podem prescrever ou indicar seus produtos em sua região? Dê uma atenção a eles!

Sua marca deve sempre estar presente e com boas comunicações nos pontos de contato que você pode ter com seu potencial cliente. Pense em todos eles e desenvolva comunicações adequadas para cada um. Em nosso caso, o ponto de venda é um ponto de comunicação essencial para nosso sucesso. Portanto, sabemos que ter uma embalagem atrativa, uma boa exposição de gôndola e degustação na loja é essencial para se destacar em meio a milhares de marcas. Fazemos também muitas degustações em eventos de alimentação saudável, sustentável e vegana para que as pessoas possam experimentar e realmente sentir que

A SATISFAÇÃO DO CLIENTE É PRIMORDIAL PARA O SUCESSO DO NEGÓCIO!

@andersonvidaveg

nosso produto é tão ou mais gostoso que o similar de origem animal, uma vez que sabor é o primeiro fator de escolha de alimentos em qualquer lugar do mundo. A dica é: esteja presente no ponto de venda com boa exposição, participe de eventos que tenham *fit* com sua marca, interaja com as pessoas, sinta o feedback delas e faça sua marca ser conhecida e amada com propósito, bons produtos, bom atendimento e simpatia.

Uma vez participamos da Natural Tech, o maior evento de alimentação saudável da América Latina, onde havia 700 empresas expositoras. Além de estarmos com um estande bonito visualmente e bem localizado, tínhamos de fazer algo diferente para nos destacar e atrair mais gente para nosso estande, considerando que tínhamos tantos concorrentes. Tive a ideia inovadora de compensar o carbono das pessoas que compareceram ao estande e preencheram nosso questionário para calcularmos a emissão de CO_2 resultante de suas viagens para irem até a feira. Plantamos 369 árvores com pequenos agricultores agroflorestais, mostrando não só nosso compromisso com o meio ambiente, mas também causando impacto social. Portanto, inovar e pensar fora da caixa vai conectar sua marca com mais pessoas e destacá-la nessas ações de marketing.

Por último, vou deixar uma dica valiosa para quem trabalha ou quer trabalhar com B2B, vendendo para outras empresas em vez de consumidores finais: selecione bem os clientes que você quer e crie cases de sucesso com eles. Na Vida Veg, nós trabalhamos com grandes redes de supermercados. No início, fizemos uma lista de potenciais clientes e selecionamos aqueles que achamos que dariam mais retorno para nós e que seriam parceiros para ajudar a marca a crescer. Após conseguirmos fazer a venda para os supermercados selecionados, focamos em vender os produtos para os clientes deles (consumidores que frequentavam as lojas). Fizemos um trabalho de boa exposição de produtos, com promoções iniciais e degustações. Assim, criamos uma relação de parceria e conseguimos aumentar bastante as vendas nesses clientes em pouco tempo. Com esses casos de sucesso, passamos a apresentar os números para outros novos clientes (potenciais supermercados), provando que há demanda crescente pelos produtos e que a Vida Veg se preocupa com o sucesso do cliente também após a venda. Nada melhor que números e *cases* reais criados por sua empresa para convencer novos clientes a se tornarem parceiros!

CAPÍTULO 14

A PIRÂMIDE DO TEMPO DO EMPREENDEDOR

Ao longo de minha jornada empreendedora, passei por diversas fases nas quais aprendi como dedicar meu tempo em cada uma delas para ser mais eficiente. Nosso tempo é o único recurso limitado e irrecuperável, portanto, devemos saber onde utilizá-lo da melhor maneira possível.

Cada fase de uma empresa exige muitas demandas do empreendedor, e ele deve saber onde focar a atenção, sem perder de vista sua missão. Se você for um empresário ou líder de qualquer negócio, todos os dias muita gente vai ligar para você, mandar e-mail, mensagem, querer marcar uma reunião e interromper pessoalmente seu caminho para pedir muitas coisas. Saber dizer não e focar o que vai lhe trazer retorno em longo prazo é muito importante para ter sucesso. Se algo não vai aumentar seu impacto, deixá-lo mais rico ou feliz nos próximos cinco anos, não perca tempo com isso! E quando digo "rico" não é só de dinheiro, mas também espiritualmente. Afinal, é essencial distinguir o que é importante e realmente vai agregar valor em seu trabalho e em sua vida para se comprometer com aquilo e ter disciplina.

O que é disciplina? É renunciar a um prazer imediato para ter um prazer maior no futuro. É outro comportamento importante para quem deseja ter sucesso. Perdi as contas de quantos fins de semana e feriados deixei de passar com meus amigos e familiares, relaxando na praia ou na piscina, para trabalhar. Hoje olho para trás e reconheço que fiz as escolhas certas para colher agora os frutos das sementes que plantei no passado.

Contudo, decidi elaborar a pirâmide do tempo do empreendedor para ajudar você a dedicar seu tempo nas áreas corretas em cada fase da empresa. Veja a figura a seguir:

A PIRÂMIDE DO TEMPO DO EMPREENDEDOR

Fonte: Elaborado pelo autor.

A seguir, explico com mais detalhes cada uma dessas fases.

FASE DE PLANTIO

O período anterior à criação da empresa e o do início é a fase de plantio. É quando você não sabe por onde começar, pois não tem nada desenvolvido e está praticamente sozinho para fazer tudo. Nessa fase, foque seu tempo na descoberta do propósito que vai guiar todo o seu negócio, pesquise o mercado para ver o que já existe e pode ser melhorado, quem são seus possíveis clientes e fornecedores.

Após a pesquisa, crie seu produto ou serviço com seus diferenciais bem definidos, que vai criar valor para o mercado.

Lembre-se: quanto maior o problema que você resolve, maior é o potencial de retorno.

A partir daí, você deve fazer o plano de negócios, pesquisando e planejando cada área da empresa, conforme já falamos nos capítulos anteriores. Esse planejamento vai ser seu guia, com os objetivos e as metas a serem atingidos nos próximos meses e anos.

Agora é a hora de ir em busca de recursos, que podem ser seus próprios, de terceiros ou de novos sócios. É uma etapa de extrema importância, em que as opções devem ser cuidadosamente analisadas e escolhidas, pois qualquer decisão a esse respeito vai impactar o negócio e sua vida ao longo do tempo.

Estruture sua gestão contratando um bom sistema e desenvolvendo com a equipe os indicadores, as metas e os projetos que deverão ser implementados para atingir os objetivos da empresa. Lembre-se de que tudo deve estar associado ao planejamento estratégico e que as ações e metas devem ser específicas, mensuráveis, com prazos e responsáveis.

Monte sua equipe. Por meio do planejamento e da definição do sistema de gestão, você já sabe os perfis de pessoas que vai precisar contratar e reter para desenvolver a empresa. Nós tratamos disso especificamente no capítulo 10. Aproveite para começar a discutir a cultura organizacional com as pessoas que estão começando com você.

Estruturação de processos. Essa etapa é extremamente importante para o negócio. É quando o empreendedor, com os colaboradores de cada área, desenvolve os procedimentos operacionais padrão com o passo a passo que vai ser seguido por cada função. Aqui é necessário despender um bom tempo pensando no melhor processo, pois é isso que vai trazer eficiência operacional para a organização. Processos mal estruturados geram retrabalho, o que significa perda de tempo, e atrapalham a retenção de talentos. As pessoas querem trabalhar com processos claros e bem definidos.

FASE DE CRESCIMENTO

Aqui é hora de rever os produtos e serviços oferecidos, analisar o mercado e inovar. O pensamento de melhoria contínua deve seguir todas as etapas de crescimento da empresa, mas a inovação nessa fase tem maior importância, pois é ela que vai ditar se o negócio poderá ou não alavancar as vendas. Produtos e serviços de qualidade com diferenciais, que agregam valor e solucionam da melhor maneira possível os problemas da sociedade, são os que aumentarão a receita da empresa.

Nessa fase, não se pode esquecer de medir a eficiência desses produtos e processos. Não adianta ter produtos inovadores e de qualidade se eles têm custos altos e são vendidos com prejuízos. Sua margem deve gerar dinheiro para pagar as despesas fixas operacionais e ainda dar lucro para o negócio. Além da eficiência em custos, é essencial revisar as metas e os indicadores da etapa anterior e manter uma disciplina de gestão periódica para discutir e melhorar os resultados dos indicadores.

Com produtos assertivos, inovadores, de qualidade e que geram receitas com boa margem, aí, sim, você estará pronto para investir em marketing, aumentando a demanda do mercado e fazendo a empresa crescer.

À medida que a empresa vai crescendo, as contratações de pessoas também vão aumentando, e se torna necessário o desenvolvimento das lideranças que estarão à frente de equipes e departamentos. Invista no treinamento desses líderes e os acompanhe de perto, pois são eles que herdarão de você boa parte das operações que tomavam muito de seu tempo até aqui. Não se esqueça de fortalecer o propósito com eles, pois os líderes têm um papel essencial na difusão do propósito na empresa (se necessário, releia o capítulo 12, no qual falamos mais sobre isso).

Com o aumento de equipe e a definição de líderes, é a hora de revisar e fortalecer missão, visão, valores e cultura organizacional com as principais pessoas da organização, criando um senso de pertencimento e engajamento entre todos pelo propósito da empresa. Falamos bastante disso no capítulo 11.

SABER DIZER NÃO
E FOCAR O QUE
VAI LHE TRAZER
RETORNO EM LONGO
PRAZO É MUITO
IMPORTANTE PARA
TER SUCESSO.

@andersonvidaveg

Também é a hora de se sentar com os líderes e revisar os processos, buscando melhoria contínua e aumento de eficiência. Com novas cabeças pensantes, surgirão ideias para inovar nos processos, portanto esteja com a mente aberta e aproveite as diferentes opiniões para o crescimento.

Agora você já pode começar a quantificar o impacto econômico, social e ambiental do negócio, fortalecendo o propósito da empresa perante os colaboradores, os sócios e a sociedade.

FASE DE MATURAÇÃO

Aqui é onde a empresa vai crescer de forma acelerada. Você precisará buscar investimentos e novos recursos. Você pode fazer uma nova rodada de investimentos com os sócios atuais ou com novos sócios, ou emprestar dinheiro de terceiros para aumentar significativamente sua capacidade de produção e geração de receitas, sem comprometer a qualidade.

Nessa fase, também é muito importante revisar processos, indicadores e projetos para melhorar ainda mais a eficiência, pois quanto mais a empresa cresce, mais ela precisa ser eficiente para ter uma boa saúde financeira e dar lucro, tornando-se sustentável.

Com uma boa estrutura de operação, eficiência e recursos financeiros para ter capital de giro para o crescimento, você pode investir em vendas, aumentando e capacitando a equipe comercial para gerar mais receita.

Provavelmente, essa fase é a que vai trazer o mais rápido crescimento, proporcional ao número de colaboradores na organização. Portanto, é necessário dedicar tempo aos líderes e ao departamento de gestão de pessoas para pensar em estratégias e ações, de modo que fortaleçam o propósito e a cultura da empresa. Trabalhe com afinco nesse tema, pois, com propósito e cultura fortes nessa fase, fica potencializada a inspiração dos colaboradores e clientes da empresa, e será possível fidelizá-los.

Com tudo isso, é de suma importância investir em ESG, melhorando a estrutura de governança da empresa e contratando auditores externos para monitorar os números financeiros e operações, certificando processos e produtos. Além de criar indicadores e projetos no âmbito social e ambiental para melhorar o impacto da empresa na vida das pessoas e no meio ambiente.

COLHEITA

Após todo esse trabalho de plantio, crescimento e maturação, vem a fase da colheita. Com produtos bem aceitos no mercado, gestão eficiente, processos estruturados, equipe bem montada e gerida por seus líderes, marca reconhecida, propósito difundido, cultura forte, operação funcionando com lucratividade, chegou a hora de se dedicar às decisões mais estratégicas do negócio. Esse momento é o sonho de todo empreendedor.

Aqui, você dará suporte aos líderes e, se ainda não os tiver, poderá formar um conselho administrativo e um corpo de diretores robustos para acompanhar o crescimento da empresa e sua eficiência. Mas nunca se esqueça do propósito da empresa e de continuar inovando e acompanhando o mercado, pois quem para de inovar, morre. Faça alianças estratégicas e não perca o foco no cliente!

CAPÍTULO 15

Negócios de sucesso são negócios com propósito

Nasci no ano de 1987 e me lembro de como antigamente as pessoas sonhavam em trabalhar em grandes corporações que faturavam muito e tinham uma boa margem de lucro, sendo companhias que podiam investir em propagandas e pagar salários melhores que as pequenas empresas. Essas eram consideradas as empresas de sucesso. Mas isso mudou ao longo das últimas décadas. O lucro não é mais a única medida de sucesso.

Cada vez mais, os negócios com propósito claro e genuíno, que contribuem para um mundo melhor, estão sendo valorizados por trabalhadores, consumidores e investidores, independentemente de seu tamanho, e tornando-se mais lucrativos.

Segundo um estudo da empresa de consultoria organizacional Korn Ferry, negócios com propósito crescem quase três vezes mais que outras empresas do mesmo setor.[44] A nova era da economia é baseada na construção de valores para a sociedade, que causem impacto positivo para as pessoas e para o meio ambiente. É a junção da lucratividade econômica com benefícios sociais e ambientais. Agora os negócios de sucesso são negócios com propósito!

Esses negócios com propósito carregam empreendedores por trás que são mais felizes e realizados, criam melhores ambientes para se trabalhar, atraem mais pessoas para compartilharem de seu sonho, além de serem reconhecidos pela sociedade por deixarem seus legados. São pessoas que enriquecem ao mesmo tempo que contribuem para um mundo melhor.

Essas empresas, que carregam no DNA um propósito forte, permitem que as pessoas também trabalhem com propósito

---

[44] QUAL é o propósito do seu negócio? **Colortel**, 7 mar. 2022. Disponível em: https://colortel.com.br/qual-e-o-proposito-do-seu-negocio/. Acesso em: 28 dez. 2023.

e sejam mais felizes e realizadas por também estarem deixando seus bons legados por meio dessa organização.

Hoje, após oito anos de fundação da Vida Veg, posso afirmar que sou uma pessoa muito mais feliz e realizada por ter conseguido empreender com meu propósito e causar um grande impacto positivo para as pessoas, para os animais e para o planeta. Eu trouxe para você alguns depoimentos de empreendedores e colaboradores que acompanharam minha jornada para que você sinta na alma um pouco do que é empreender com propósito e dê o primeiro passo na mesma direção:

Algumas pessoas buscam encontrar um propósito, algo que faça tudo ter sentido e de alguma forma contribua para melhorar a sociedade. Por vezes, surgem boas ideias e vislumbres de como seria esse caminho com novos projetos na busca por uma felicidade verdadeira. Mas o que geralmente acontece é que essas ideias são esquecidas rapidamente e colocadas como devaneios da mente, seja por parecerem complexas demais ou, talvez, por ainda não existir nada parecido com elas. A história de Anderson deveria nos servir como inspiração, para termos coragem de correr atrás daquilo em que acreditamos, sem medo de sair da zona de conforto e arriscar na busca desse propósito. Quando se empreende com propósito, os obstáculos parecem se apequenar, todos que buscam algo com maior significado para suas vidas e carreiras se juntam com o mesmo ideal, e o que parecia improvável que desse certo se realiza."

LUCAS DA MATTA, SUPERVISOR ADMINISTRATIVO DA VIDA VEG

"Anderson é um exemplo inspirador de empreendedor que vive seu propósito. A história da Vida Veg está intrinsecamente ligada à sua própria jornada, e isso é algo que admiro profundamente. É incrível quando um empreendedor consegue transmitir seus valores, pois há autenticidade e coerência entre a pessoa física e a pessoa jurídica.

Em um mundo repleto de informações e muito storytelling, testemunhar empreendedores trabalhando por um ideal no qual acreditam, indo além do dinheiro e da fama, é algo que verdadeiramente me emociona. Quando temos um objetivo maior que apenas o lucro, quando buscamos impactar positivamente a vida das pessoas e do planeta, o sucesso se torna uma consequência natural desse propósito genuíno.

A história de Anderson e sua jornada empreendedora com a Vida Veg são um exemplo brilhante de como é possível construir um negócio de sucesso com significado e fazer a diferença no mundo. Sua dedicação, seu trabalho árduo e seu compromisso com a qualidade e os valores nutricionais de seus produtos são dignos de admiração. Por meio da Vida Veg, ele não apenas oferece opções saudáveis e saborosas para as pessoas, mas também contribui para a conscientização sobre a alimentação vegana e seus benefícios para a saúde e o meio ambiente.

É um privilégio testemunhar a trajetória de Anderson e a transformação que ele trouxe ao mercado. Sua história serve de inspiração para todos aqueles que desejam empreender com um propósito maior, buscando não apenas o sucesso financeiro, mas também a realização pessoal e a criação de um impacto positivo na sociedade.

Acredito que este livro trará motivação e inspiração a muitos leitores, incentivando-os a buscar os próprios propósitos e a fazer a diferença por meio de seus empreendimentos."

BRUNO FONSECA, FUNDADOR DA THE NEW BUTCHERS (CARNES VEGETAIS) E EAT CLEAN (ALIMENTOS NATURAIS)

Conhecer Anderson Rodrigues e ter a oportunidade de trabalhar ao seu lado na Vida Veg foi uma experiência transformadora em minha vida. Desde o momento em que nos cruzamos profissionalmente, pude perceber a paixão genuína que ele tem pelas causas animais e seu compromisso em fazer a diferença no mundo.

Sob a liderança inspiradora de Anderson, fui guiado em uma jornada de descoberta pessoal, em busca de meu próprio propósito. Ele me mostrou que o empreendedorismo pode ser uma ferramenta poderosa para promover mudanças positivas na sociedade e que é possível alinhar valores pessoais com o trabalho que realizamos. Anderson não apenas compartilhou seu conhecimento em marketing e gestão empresarial, mas também cultivou em mim uma mentalidade voltada para o propósito. Ele acreditou em meu potencial e me deu a liberdade e confiança para desenvolver ideias e iniciativas na Vida Veg.

Ao adotar a alimentação vegetariana e abraçar a causa sustentável, encontrei uma motivação maior para contribuir com a Vida Veg. Trabalhar em um projeto que busca oferecer alternativas sustentáveis e saudáveis aos produtos lácteos tradicionais tem sido gratificante. Por meio da liderança e da visão de Anderson, pude conectar minha paixão pessoal com meu trabalho diário, o que me trouxe um senso de propósito e realização. A jornada que trilhei sob a orientação de Anderson me ensinou que encontrar e seguir um propósito é fundamental para o sucesso empreendedor. Seu exemplo me inspira a compartilhar minha própria história, a fim de encorajar outros a descobrirem seus propósitos e se tornarem agentes de mudança em suas vidas e comunidades.

Sou profundamente grato pela oportunidade de trabalhar com Anderson Rodrigues e ser parte da história da Vida Veg. Seu comprometimento com o propósito empreendedor é um verdadeiro exemplo a ser seguido, e tenho certeza de que seu livro será uma fonte de inspiração para muitos em busca de um caminho significativo em suas vidas."

HISLANDER CARVALHO, EX-LÍDER DE MARKETING DA VIDA VEG

Conhecer a história de Anderson com a Vida Veg fez meu coração vibrar e me inspirou instantaneamente. Senti uma proximidade em nossos valores éticos. E assim tive a constatação de que seguir o coração poderia também me fazer prosperar financeiramente.

Digo isso porque não podemos negar que, ao abrir um negócio, buscamos o lucro, e ainda existia em mim uma insegurança de que nossa linha de produtos de nicho poderia não funcionar.

Assistir a todo o sucesso da Vida Veg com Anderson à frente me fez ter a certeza de que o sucesso financeiro vem como consequência quando estamos trabalhando com algo que faz nossos olhos brilharem.

E a Vida Veg transformou a mesa de café de muita gente. É surpreendente como ela atingiu seu objetivo ao fornecer saúde e sabor a valores acessíveis. Toda a linha de produtos da Vida Veg é maravilhosa e atende ao público vegano, além das pessoas com qualquer restrição alimentar e os que buscam um estilo de vida mais leve e saudável."

MARCELA CAMILO, FUNDADORA DA LOJA OLIVA GRANEL E CLIENTE DA VIDA VEG

AGORA OS NEGÓCIOS DE SUCESSO SÃO NEGÓCIOS COM PROPÓSITO!

@andersonvidaveg

Desde os primeiros contatos, Anderson sempre foi uma pessoa impecável com sua palavra. Um homem com grandes valores, íntegro, honesto e inteligente. Um profissional que sabe exercer sua maestria com empatia e dedicação. Sabe cobrar sem ser rude. Sabe conversar sem agredir. Sabe ser exemplo em seu propósito. Sabe inspirar pelo simples fato de ser ele mesmo. Com seu propósito, criou a maior e mais moderna fábrica de produtos veganos sem nunca perder sua essência. Anderson é um eterno aprendiz e se dispõe a ajudar o meio ambiente, os animais e as pessoas ao seu redor. Além do sucesso profissional que conquista diariamente com muito esforço, seu sucesso pessoal é o que o torna um ser humano único e memorável."

**FERNANDA TEIXEIRA,
NUTRICIONISTA DA VIDA VEG**

*Os que têm uma amizade com Anderson podem compreender a grandeza de sua conquista, não apenas como empreendedor, mas como um sonhador, oriundo de um contexto social no qual as expectativas de uma vida diferente da de seus pais eram quase nulas. Ainda assim, por meio da curiosidade somada à persistência, pôde criar uma narrativa diferente para sua vida, tornando-se protagonista, e não um mero espectador.
Mesmo diante do conforto de um trabalho garantido antes da Vida Veg, resolveu acreditar em seu sonho e apostar tudo o que tinha para construir a própria história, que hoje serve de inspiração não só para nós, seus amigos, mas também para um grupo de pessoas que a cada momento que passa se amplia, pois*

...

...

o impacto desse grande ser humano transcende seu espírito empreendedor.

É sempre uma honra partilhar da vida, das conquistas e dos desafios propostos com uma pessoa como Anderson, esse grande sonhador."

FERNANDO GALDINO, FUNDADOR DA GAYA (APLICATIVO FOCADO EM NEUTRALIZAÇÃO DE CARBONO)

AGORA É SUA HORA DE EMPREENDER COM PROPÓSITO!

Caro leitor, busquei de forma bem sucinta escrever este livro para ajudar você a descobrir seu propósito e empreender. Sei que o tempo de todos é muito valioso e cada vez mais vivemos em um mundo com excesso de informação e coisas para fazer, portanto me propus a passar meu conhecimento e experiência da forma mais objetiva possível, com informações essenciais e dicas práticas para sua realização e o sucesso de seu negócio, seja ele atual ou futuro.

Se você tem vontade de empreender e ainda não se arriscou, saiba que o tempo é o único recurso que é limitado e não conseguimos recuperar... e ele está passando. Todas as dificuldades juntas são menores que a sensação de olhar para trás e ver a transformação de um sonho em realidade. Vá lá e faça!

Olha o que Marcela, dona da loja Oliva Granel e cliente da Vida Veg, me disse outro dia: "Com o empreendedorismo, posso acordar todos os dias não só desejando um mundo melhor, mas trabalhando ativamente para construir essa melhoria. É mágico e gratificante poder viver de acordo com nossa essência. Empreender me tornou mais forte, me fez acreditar mais em mim. Encontre seu propósito e mergulhe nele. Os desafios vão existir, mas você vai superá-los, porque com propósito nossa energia se multiplica exponencialmente e, assim, conseguimos dar nosso melhor. Dando nosso melhor, as vitórias são uma questão de tempo. E a maior delas é: ao invés de temer as segundas-feiras, a partir de seu ato de empreender, elas serão tão animadoras quanto os finais de semana". Isso é maravilhoso!

Você passará boa parte da vida trabalhando, e trabalhar alinhado com seu propósito vai ajudá-lo a ter motivação, força para superar os desafios e aumentará a chance de você ser feliz e realizado.

Os desafios fazem parte da jornada e lhe ensinam diariamente. A vida é um constante aprendizado e evolução, cabe a você ser um aluno dedicado, cercar-se de bons professores e mentores, ter persistência, dedicação e disciplina, pois não há outro destino que não seja o sucesso!

Foi muito difícil para mim largar um ótimo emprego, com remuneração e benefícios altos, em 2015, para começar a empreender do zero, com poucos recursos e diante de uma crise econômica no Brasil. Passei por muitas dificuldades no empreendedorismo, mas posso dizer que todo o esforço que você coloca em seu negócio volta para você e, se for um negócio de bom propósito, ainda contribui para um mundo melhor, deixando seu legado.

Tudo o que plantamos nesta vida, um dia vamos colher; pode ser no tempo que queremos ou demorar um pouco, mas colheremos.

O empreendedorismo também permite que você conheça pessoas maravilhosas e o aproxima de pessoas que compartilham de seu propósito, trazendo a você mais motivação para trabalhar. Agradeça a oportunidade e aproveite a jornada.

Parabéns por ter chegado até aqui e aprendido as melhores técnicas para descobrir seu propósito e desenvolver uma empresa de sucesso alinhada a isso. Seguir esse caminho não é para qualquer um, mas agora você está preparado para empreender com propósito e causar um impacto positivo no mundo. A vontade é o maior poder da alma. Por meio dela, da coragem que está em seu peito agora e da metodologia que abordei neste livro, não há outro caminho que não seja o sucesso. Alguns trabalham oito horas por dia por um salário, outros trabalham 24 horas por um sonho. Vá lá, realize seu sonho, contribua para um mundo melhor e deixe seu legado. É hora de mostrar ao mundo quem você é e o que veio fazer aqui. Estarei sempre ao seu lado nessa jornada. Conte comigo para fazermos do empreendedorismo a ferramenta mais poderosa para melhorarmos o mundo em que vivemos, e saiba que Deus sempre vai amparar e fortalecer quem trabalha para um mundo melhor!

Quer continuar conversando comigo? Mande-me uma mensagem no Instagram:

É HORA DE MOSTRAR AO MUNDO QUEM VOCÊ É E O QUE VEIO FAZER AQUI.

@andersonvidaveg

Este livro foi impresso
pela Gráfica Terrapack em
papel lux cream 70 g/m²
em abril de 2024.